镇江出土吴国青铜器

杨正宏　肖梦龙　主编

文物出版社

《镇江出土吴国青铜器》编辑委员会

顾　　　问：张洪水　王　萍

编委会主任：张　兵

副　主　任：王玉国

编　　　委：（按姓氏笔画排序）

　　　　　　王玉国　王书敏　王奇志　毛炳江　毛　颖

　　　　　　刘丽文　纪宏伟　肖梦龙

　　　　　　杨正宏　张　兵　张　剑　郑朝平　郭绍全

　　　　　　凌　波　高茂松　龚　良

主　　　编：杨正宏　肖梦龙

责任编辑：于炳文

摄　　影：郑　华

责任印制：王少华

封面设计：张希广

图书在版编目（CIP）数据

　　镇江出土吴国青铜器：杨正宏　肖梦龙.—北京：文物出
版社，2008.11

　　ISBN 978-7-5010-2597-8

　　Ⅰ.镇… Ⅱ.①杨…②肖… Ⅲ.青铜器（考古）-镇江市-吴国
（？~前473）Ⅳ.K876.41

　　中国版本图书馆CIP数据核字（2008）第142981号

镇江出土吴国青铜器

杨正宏　肖梦龙　主编

文物出版社出版发行

　北京东直门内北小街2号

　http://www.wenwu.com

　E-mail:web@wenwu.com

河北华艺彩印厂制版印刷

新华书店经销

889×1194　1/16　印张：13

2008年11月第1版第1次印刷

ISBN 978-7-5010-2597-8

定价：220.00元

目　录 Contents

序　言

　　镇江博物馆为纪念建馆五十周年,编成《镇江出土吴国青铜器》一书,即将由文物出版社印行。蒙博物馆各位先生不弃,要我在这里写几句话。我有机会观察讨论这些珍贵器物已有多年,谈几点陋见向大家请教,自然是应尽的责任。

　　学术界认识到镇江一带地区存在富于地方特色的青铜器类型,始于1954年丹徒烟墩山青铜器群的发现。其中著名的宜侯矢簋,形制纹饰均与中原同种器物一致,并有时代明属周初的长篇铭文,却和若干明显与中原风格相异的青铜器共出,很快就引起学者们的强烈关注。

　　烟墩山青铜器群使人们联想到1930年在镇江对岸的仪征破山口出土的另一批青铜器,读者不难在2007年出版的《仪征出土文物集粹》中看到。其特点与烟墩山器群一样,除了地方特色浓厚的几件外,也有中原风格的器物。1959年于该地点征集的一件容器残片上,亦有至少七个字的铭文,时代同样是西周早期。

　　后来,在镇江地区的其他地点又陆续有青铜器发现,大都有着惹人注目的特异之处。改革开放之后的1985年,在北京的中国历史博物馆(今中国国家博物馆)举办了"镇江文物精华"展览,并组织了《"镇江文物精华"笔谈》,于《中国历史博物馆馆刊》发表。这次笔谈对于镇江青铜器提出了许多有启发性的见解,例如有学者把当地青铜器划分为中原型、地方化的中原型和地方型,这一观点为后来多数论著所沿用。

　　学者间的共同认识是,镇江青铜器有着高度的学术价值和艺术价值,并且通过镇江青铜器的分析研究,还能指向中国青铜器研究,甚至对于整个青铜器时代文化有相当大的普遍意义。

　　这样的问题至少有两个。首先容易想到的,是中原以外青铜器研究的方法论的问题。我曾有一篇小文谈到过,中国青铜器研究历史悠久,自宋代以来学者逐渐构建了分期的传统,形成了一条比较完整的发展序列,学者经过长期研究,现在基本已可以从夏商周一直排列到秦汉,大的发展脉络已清楚。不过,这个发展序列只是中原青铜器的序列,中原之外的地方型青铜器怎样参照这个序列,譬如怎样在镇江青铜器的研究上起作用,还是有待深入探索的问题。

　　中原以外的青铜器无疑受到中原文化的影响,这里的具体关键是当时这种影响如何传播,传播的速度是否很快。传统的想法是,中原青铜器的文化因素传到很远的地区,比如镇江一代,在当地器物上表现出来,要隔一个时期。这究竟是否是事实,还有待研究论证,而且不同时代、不同地区,这种传播的速度也不会一样。马承源先生讲过:"吴越地区青铜器的研究,我认为不能以中原夏商周青铜器发展的序列来套用,……更主要的是,要从吴越青铜器大量考古资料的实际出发,作具体细致的排比研究,从各种现像中寻求合理的解释,得出真实的正确结论",这番话我是完全赞同的。

再一个问题,是如何与历史文献相联系结合的问题。在这个问题上,镇江青铜器与其他不少地区的地方型青铜器不同,可以说有特别好的条件,因这里出的若干器物铭文国别明确属吴,而吴国的建立和兴亡在文献里有相当多的记载。

1956年,唐兰先生在《考古学报》写了《宜侯夨簋考释》,指出这一周初器物属于吴国。这一精辟见解,经过多年讨论,现今为多数学者接受了。簋铭所提到的"王人"就是周人,"奠(甸)七伯"和"宜庶人"则为当地土著,即文献说的"荆蛮",这正说明为什么其青铜器群体现出中原与地方文化因素的并存和融合。

我在1985年的那次笔谈中说过:"我国古代的王朝及诸侯国,每每是由多民族构成的,其考古学意义的文化面貌更为复杂。不管是夏、商、周,还是吴国、楚国、秦国,在其统治范围内,都不会只有一种单纯的文化,……镇江地区的青铜器,就使我们看到不同文化交织融会的图景,这是其珍贵价值的一个重要方面。"通观《镇江出土吴国青铜器》辑录的大量墓葬和窖藏出土的器物,我们对吴国的这种文化性质会有更深刻的体认。

改革开放三十年来,镇江的考古工作成绩卓著,这部书中列举的近二百件(套)青铜器,时代自周初以至春秋,涵盖了吴国历史的始终,器种繁多,无不有其重要价值,是我乐于向学术界和广大读者竭诚推荐的。

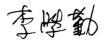

2008年10月26日夜

于清华园寓所

序　言

　　为了迎接镇江博物馆建馆五十周年,以收录该馆馆藏文物为主的《镇江出土吴国青铜器》一书即将付梓,这是学术界的一大盛事,谨致以热烈的祝贺和诚挚的谢意!

　　在镇江博物馆五十年发展的历史上,吴文化研究和吴国青铜器的收藏一直是馆里工作的重中之重。1954年,因丹徒烟墩山随葬宜侯矢簋等青铜器的土墩墓的发掘而兴起的新中国建立后第一次吴文化研究热潮,直接或间接促成了镇江博物馆的成立。自博物馆成立之始,探索吴文化和收藏吴文化遗物很自然就成为该馆的重要课题。从上世纪七十年代以来,句容城头山、白蟒台,镇江马迹山,丹徒丁岗断山墩、赵家窑团山,丹徒王家山和凤凰山,丹徒大港乌龟墩、谏壁月湖乌龟山等遗址的发掘;溧水乌山土墩墓,句容浮山果园土墩墓,金坛鳖墩土墩墓、丹徒大港母子墩土墩墓、磨盘墩土墩墓、大港土墩墓、北山顶土墩墓及粮山、王家山、青龙山、四脚墩等土墩墓的发掘,镇江博物馆都是积极的参加者或主持者。1982年,经过时任镇江博物馆馆长的陆九皋等诸位先生的协调奔走,江苏吴文化研究会成立。1984年,镇江博物馆便主办了声势浩大的第二次吴文化学术讨论会,吸引了省内外众多研究者与会。作为吴文化研究的倡导者和基干力量,陆九皋馆长和馆内刘兴、肖梦龙、刘建国等先生所提交的论文或者发言所阐述的观点,因为有自已亲自发掘和整理的材料作依据,倍受与会学人的注意。作为上述许多遗址和墓葬发掘现场的参观者,作为吴文化研究会成立大会和镇江博物馆主办的吴文化学术讨论会的参加者,这些虽然都是二十多年前的往事了,但回想起来仍历历在目,言犹在耳。经过学术界二十多年持续不断的努力,这里要特别提到镇江博物馆考古界同仁们付出的辛劳,使吴文化研究取得了重大收获。在我看来,这些收获主要是:确认了吴文化自宁镇地区发源然后向东和其他方向逐步扩展的发展趋势;发现了一大批吴文化发展历程中不同时段的重要遗址和墓葬,总结出了吴文化的特征和演变轨迹;基本梳理清楚了吴与中原、吴与楚、吴与越等文化的异同与文化交往关系;揭示了吴国社会结构特点和走向文明的独特道路,以及其在形成中华一统文明过程中发挥的作用。了解了吴文化研究的历史和现状,了解了吴文化研究已经取得的成绩,回头来再看这部新出版的《镇江出土吴国青铜器》,可以毫不夸张的说,它的确是一部具有坚实科学基础的、具有内在紧密联系的、足以从一个重要侧面反映吴文化的特征和其发展历程及发展高度的重要著作。

　　首先看其选材。在收入图录的近200件(套)铜器中,约150件(套)有明确出土单位,主要是墓葬,个别为遗址或窖藏。其余的,43件有明确出土地点;13件为废品收购站拣选,拣选者虽无具体出土地点,但其范围也不出于废品收购站所在的县域或邻近各县。这就保证了入选器物的真实性和可靠性,从而排除了像有些图录出现的某些器物真膺或文化归属同异的争论的可能。

第二看其编排。该图录没有采用常见的先按器类再分时代先后排序的做法,而是引入考古学上的"组合"、"共存"等概念,先分大的时代再按出土单位排列器物,从而为读者提供了相对而言较比完整的、存在内在联系的研究资料,进一步增强了作为研究素材的科学性。

第三看其器物说明。除了名称、尺寸大小、形制花纹描述、出土时间、出土单位或地点,还特地注明了现在收藏单位,为想观摩实物的读者提供了指南。对于那些从废品收购站拣选的铜器,还注明了废品收购站所在的县市,为某些对这类器物想进一步追索其来龙去脉的研究者提供了可贵的线索。

第四看其器物年代定位。该图录只分为商晚、西周和春秋三个大的时间段,看似粗疏,但实际上是经过深思熟虑后的裁定。因为,尽管有些图录的编纂者除商代晚期又将西周、春秋细分为若干段,但实际上对一些铜器包括出土铜器的墓葬的年代是有不同意见的,例如,对宜侯矢簋和出土宜侯矢簋的土墩墓的年代的看法即不尽相同。现在这样处理,既保持了其合理性,又为进一步研究留下了应有的空间。

第五看其墓葬性质判定。收入图录的大部分青铜器尤其是有铭文的青铜器,主要出土于大型土墩墓中,其中有些据其规模、形制、随葬器物及有无殉葬人、陪葬墓等判断,确为王一级的墓葬。有的研究者,包括该书的作者肖梦龙先生在内,在自己有关研究论文中,已经推定出宜侯矢簋的墓即宜侯矢墓,出伯簋的大港母子墩墓或即吴国第六代国君熊遂之墓,青龙山春秋中期偏晚大墓或即吴国第一个称王的吴王寿梦之墓,出"甚六"、"尸祭"铭文铜器的北山顶春秋晚期大墓或即吴王余昧之墓。但在编辑该图录时,除了采纳郭沫若、唐兰、李学勤诸位先生的意见将出宜侯矢簋的墓迳指为宜侯墓外,其余均只标出时代,而未提及自己推断的可能的墓主。这并非否定自己的结论,也并不表示没有这种可能。这样处理,恰恰反映了作者的慎重。正像在定位器物年代时为读者留下应有的空间一样,在判定墓葬性质时也为读者留下了足够的思考余地。

第六该书附录中收入了苏南地区出土的200余件青铜器各元素成分含量检测数据,这对研究吴国铜器的合金及特质,提供重要研究资料。

而就铜器本身而言,通过综述和器物说明,特别是精美的图像,我们更可以清晰地看到吴国青铜器所独有的特征。正像综述所已经指出的,吴国青铜器从西周至春秋都可以分为三个不同的组群,一个组群是典型的中原周式铜器,如丹徒烟墩山土墩墓出土的宜侯矢簋、大港母子墩土墩墓出土的伯簋等,该群铜器数量少,而且主要见于西周早、中期,其铸造地点不在吴地,而在中原;一个组群是仿中原周式铜器,如丹徒烟墩山土墩墓出土的兽面纹鼎、弦纹鬲、附耳簋,溧水乌山一号墓出土的变形兽面纹鼎、二号墓出土的卷云纹方鼎,丹徒大港母子墩土墩墓出土的云形鸟纹鼎、雷纹鼎、雷纹鬲、勾连雷纹尊、鸟形盖纽提梁卣,丹阳司徒砖瓦场窖藏出土的夔纹鼎、环云纹鼎、双兽耳乳丁纹簋、棘刺纹尊、附耳勾连纹盘、弦纹盘,丹徒青龙山春秋大墓出土的云雷纹甗等,器形总体特征类似中原同类器,但纹饰往往经过变形或为本地所独创,该群铜器数量最多,全部为当地铸造;一个组群从形制到纹饰皆为当地特点的铜器,如丹徒烟墩山土墩墓和粮山土墩墓等出土的竖耳撇足铜鼎,烟墩山土墩墓出土的蟠龙纹盉、角状器,丹徒母子墩土墩墓出土的鸳鸯形尊、双耳鸟盖壶、丹阳司徒砖瓦场窖藏出土的乳丁纹矮锥足鼎,丹徒王家山春秋大墓出土的兽形虎子、丁宁、锯镰,丹徒青龙山春秋大墓出土的折线暗花纹矛、菱形暗花纹矛等。该群铜器总体数量位居第二位,但从早到晚呈逐步增加的发展趋势。需要指出的是,无论那组铜器都是随时在变的,不仅形制在变,花纹在变,数量也在变,作为第二组群的仿制铜器,到春秋晚期,随着吴与楚交往的增多,受楚的影响,也开始仿制楚器,丹徒粮山春秋大墓出土的S形带盖鼎,即是明显的楚式铜鼎风格。

《镇江出土吴国青铜器》一书的出版,展现了具有创造性的吴国青铜器的风彩,标志着吴国青铜器研究取得了重要成果。读到它的读者,不仅会得到艺术享受,也将由此而扩大瞭解中华文化的博大精深和丰富多彩。如果你是一位吴国青铜器爱好者、研究者,你也将由此受到启迪,促使你在研究上向更深层次迈进。不过,我也想在此指出,吴国有从商代晚期立国至春秋末年被越所灭的历史长达七百多年,领土范围曾涉及江苏、安徽、江西、上海、浙江、山东乃至湖北长江中、下游的广大地区,其政治中心随政治军事形势变化也屡有迁移。因此,镇江辖区内出土的吴国青铜器,并不能反映整个吴国青铜器的全貌,根据镇江辖区内出土青铜器的墓葬或遗址的研究作出的其些关乎吴文化、吴国历史的论断,也难以回答吴文化和吴国历史上的所有问题。有鉴于此,我愿借此机会向关心吴国青铜器研究、关心吴文化研究的有关人士和朋友们呼吁,在各省市、各单位工作的基础上,更好地发挥吴文化研究会的作用,制订切实可行的发掘和研究规划,提倡不同观点、不同学派间的切磋和讨论,加强研究人员和研究成果的交流,把吴国青铜器研究、吴文化研究推进到一个新的水平。是为序。

李伯谦

2008 年 10 月于北京

吴国青铜器的发展序列与地域特征

肖梦龙　　杨正宏

　　吴、越地区是中华文明的重要起源地之一,是中国东部长江下游古代文明的中心。吴、越文化与长江中游的楚文化和长江上游的巴蜀文化并称为长江流域古代三大文明。

　　吴是周人和江南土著民族相结合而形成的诸侯国,商晚周初在太伯、仲雍奔荆蛮创建"勾吴"时,一方面"端委,以治周礼"[1];另一方面又入乡随俗,"断发文身"[2]。所以吴文化是由华夏文化和土著"荆蛮人"文化相融合形成的区域性文化,始终保持着鲜明的地方特征,如体现在江南出土的吴国青铜器上,其面貌具有两重性,既受中原商周文化的深刻影响,又表现出显著的地方文化色彩和风格。

　　吴国青铜器群早在20世纪30年代就出土过,如江苏仪征破山口西周墓[3]。此后50年代更有两次重要发现,一是镇江丹徒大港烟墩山出土的宜侯墓青铜器,其中特别引起考古学界和史学界重视的是铸有近120字铭文的宜侯夨簋。我国已故考古和古文字大师郭沫若、唐兰以及著名学者李学勤先生等,都曾撰文指出"簋系吴器"[4]。宜侯夨簋是目前所见吴国最早的一件铸铭铜器,它对研究吴国早期历史具有十分重要的意义。再就是皖南屯溪西周土墩墓出土的大批铜器[5],都展示出吴文化青铜器的内涵特色。20世纪60年代六合程桥1号墓的"攻敔"编钟,是在江苏境内首次发掘出土的吴国晚期带铭铜器[6]。尤其自20世纪70年代以来,考古工作者对江南地区广泛分布的湖熟文化遗址和土墩墓,开展了全面调查和考古发掘工作[7],从而对吴文化的探索研究取得突破性进展。随着近些年来出土吴国青铜器的不断增多,从而使人们眼界大开,认识逐步深化,吴国青铜器研究亦成为专门课题。本文根据现已拥有的比较丰富材料,从吴国青铜器的时代分期、类型与特点剖析入手,揭示它的自身演化规律和发展序列。

　　江南地区青铜器铸造,有其发生、育成、发展和繁荣的历史演变过程,根据进化中所表现出的阶段性特征,可划分为先吴时期、吴国前期、中期及后期四个阶段进行考察。

一　夏商先吴时期江南青铜器铸造的初级阶段

　　根据目前考古资料,江南地区在夏商之际进入青铜时代。在宁镇地区相当夏代的点将台文化,如句容城头山和朝墩头遗址发掘中,都曾发现过青铜炼渣,但未见青铜器。故有学者认为,"尽管如此,青铜炼渣的出现,应为一个质的变化,标志着其时已有可能进入了青铜时代,至少也应是宁镇地区新石器时代文化与青铜文化之间的过渡性文化。……属青铜文化的萌生期"[8]。

相当中原商代的宁镇地区湖熟文化和太湖地区马桥文化[9],都发现有青铜器出土,特别是湖熟文化中,与青铜器同时出土了铸造青铜器的用具。至迟商代江南地区已进入青铜时代无疑。

这一时期的青铜器,比较普遍地发现于湖熟文化遗址,如经发掘的南京北阴阳营(三层、二层),句容城头山(五层),江宁点将台(中、上层),昝庙(中、上层),丹徒团山(十、九、八层),以及南京安怀村、太岗寺、镇江马迹山、癩鼋墩等[10]。经常见有铜刀、镞、斧、凿、钻、鱼钩及矛,在句容赤山湖周围还出土过戈和钺。江宁铜乡出土过三羊罍,铜陵西湖乡出土过斝和爵等。特别是在遗址中发现冶铸青铜器的遗存,如铜矿石、铜炼渣以及注口溢出的青铜块等,在北阴阳营出土了炼铜坩埚和把灌铜液用的陶勺。这些出土实物资料的广泛发现说明,青铜冶铸在当时江南地区是一种比较普遍的聚落手工业。

综观这一时期江南青铜器铸造特点:

(一) 冶铸青铜器的遗存虽有比较普遍的发现,但非常分散,规模甚小,如北阴阳营出土炼铜坩埚直径只有17厘米。

(二) 青铜制品的种类不多,主要是小件工具和兵器,容器类极少见。铸作比较粗糙,具有一定的原始性。

(三) 器形大都是照样模仿殷商,表明受商文化影响。但也有的器物形制具有地方特点,如句容葛村出土的铜钺,钺体呈圆形,圆弧刃,明显是当地新石器时代流行的石钺形制的演化,而与中原商代常见钺体长方或正方形式相异。爵的造型亦比较特别,在流的近根处立一柱。斝和爵皆不施地纹。铜质成分经测试都含有一定量的铁,应是采用当地的黄铜矿($GuFeS_2$)就地铸造的。

(四) 青铜冶铸工具坩埚和陶勺,都为夹砂红陶。坩埚形制作釜形,器壁厚,内壁附有残留的青铜渣;把铜汁浇注用具陶勺,一侧有流,勺下前部有两矮足,后为粗短柄,中有方銎,可装木柄。比之中原商代使用的炼铜工具灰陶大口尊、红陶大口缸、将军盔和炼炉等有所不同,说明湖熟文化在炼铜方法上的鲜明的地域特点,原有着不同的技术传统。对此,曾昭燏、尹焕章先生在《古代江苏历史上的两个问题》一文中作过详尽论述[11]。

总之,这些出土资料反映江南地区在先吴湖熟文化时期,已经较为普遍地兴起了自已地方上的青铜冶铸业,尽管它还处于水平比较低下的初级阶段,但它是孕育吴国青铜文化的母体,是江南青铜冶炼史上开辟草莱的一个重要时期,为以后光辉灿烂的吴国青铜文化的高度发展,奠定了基础。

二 吴国前期青铜器铸造的飞跃发展

吴国前期的相对年代约当中原西周早、中期。由于太伯、仲雍一班周人南下,带来了中原先进的农业生产和科学技术文化,传授荆蛮,为进一步开发江南地区社会经济起了巨大的推动作用。特别是"勾吴"奴隶制国家的建立,更加促进了江南社会生产力的发展。史载"数年之间,民人殷

吴国青铜器的发展序列与地域特征

富"。见于考古学资料的印证,西周初年,土著湖熟文化呈现发达景象,同时新兴起土墩墓埋葬制度[12]。随着吴文化特征的几何印纹硬陶和原始青瓷器的烧制进入繁荣时期,青铜器铸造也出现飞跃的发展。所见这一期间出土青铜器,非但在数量上,而且在种类与制作质量上都大大改观。

这一时期出土青铜器主要见于吴国奴隶主贵族阶层的土墩墓中。典型器群,大型墓有镇江丹徒大港烟墩山宜侯墓、母子墩墓,丹阳访仙四方山墓,仪征破山口墓及屯溪一号墓等;中小型墓以溧水乌山一、二号墓为代表。另外,还有丹阳司徒窖藏铜器中的西周早、中期器等[13]。

对于这一时期江南吴国青铜器特征,主要从其类型、形制、纹饰和器物组合以及合金、铸造等方面进行探索。

吴国前期青铜器明显分为三种类型。

第一种类型为中原铸造的舶来品,称之"中原型"。目前见有器包括丹徒大港烟墩山宜侯墓出土的矢簋、母子墩墓的伯簋,屯溪一号墓的"閗父已尊"和三号墓的公卣,以及破山口墓的"子作父宝鼎"几件器物。这类器无论在其铸造、器形纹饰特征和铭文的内容、书体及刻铸部位等方面,都无可区别于中原习见的器物,可明确断定为中原传入江南的铜器。这类型铜器在江南出土铜器中所占数目极少,同时只有在大型土墩墓中才偶有所见。这类墓主身份当属吴国最高统治阶层的周人,所以在其墓中见有中原铜器当在情理之中。

第二种类型为江南地方铸造的仿中原铜器,称之"融合型"或仿造型。这类器出土数量最多,是吴国前期青铜器的主流。这也说明此期间西周文化对江南的强烈冲击和影响。但是江南的青铜工匠们在仿造中原铜器时,也并非一成不变地照搬其原样,而是在器形纹饰等方面多加变化,使这类青铜器的整个面貌特征,乍看起来似乎像中原铜器,但细察之则具有许多地方色彩和自身风格。这生动地反映了文献记载的吴国统治者是周人,人民为荆蛮的历史真相。下面试举一些具体器例说明之。

鼎

仿造中原的有圆鼎和方鼎,圆鼎如丹徒大港宜侯墓一件、母子墩墓二件以及溧水一号墓鼎,都作西周早期流行的直耳、柱足、垂腹形制;但腹上纹饰完全为地方特色,均以粗细不一的阳线条形式组成简化变体的饕餮纹、鸟纹或云雷纹等图案。方鼎见之溧水乌山二号墓,器体单薄,直耳、柱足、四角起扉棱,腹部饰两排螺旋形单线云雷纹,这在中原同类器中是从未见过的。

簋

如母子墩墓双兽首耳簋(图版17)和丹阳司徒窖藏中的Ⅰ、Ⅵ式簋(图版59),都是仿造中原形式但又富于变化的典型器件。双兽首耳簋唇沿细卷,口至腹成直筒形,和同时期中原簋的侈口、翻沿、鼓腹形制相殊异;在纹饰上,腹部主体仿中原流行的饕餮纹,但简化变体,构图变得稀疏简略,没有双目,不施地纹,已失去它原来的繁缛诡秘性,与中原对照面目全非矣。丹阳司徒Ⅰ、Ⅵ式簋腹扁鼓,Ⅰ式簋的斜格乳丁纹的乳丁呈圆凸状,有别于中原的尖锥状乳丁;Ⅵ式簋由圈点纹、圆点纹和变体夔纹带组合而成的纹饰,则完全为地方特点,是中原根本没有的。

8

尊

吴地出土仿中原有高筒形三段式圆腹尊、折肩尊以及垂腹尊三种形式。圆腹尊主要代表器例如丹徒大港母子墩墓、仪征破山口墓和丹阳访仙四方山西周墓出土者。器形为商代晚期至西周早期流行筒状尊的形制,而纹饰皆为地方所特有。腹饰饰一道勾连云纹,上下加凸弦纹。折肩尊有屯溪二号墓尊和丹阳司徒出土者。屯溪尊基本沿袭商代折肩尊的传统形制,而司徒尊作突棱腹形式,整个器体较矮。纹饰都是具地方色彩的几何形勾连纹加圈点纹边框。屯溪折肩尊上还饰一龟形纹,亦为地方特点。垂腹尊在吴地出土过两件,一件见于丹阳司徒窖藏,一件出自仪征破山口西周墓。尤其司徒窖藏凤纹尊是目前江南不多见的大型重器,纹饰华丽,同时铸造技术甚精,可谓代表了吴国前期青铜器的最高水平。该器是仿中原西周中期新兴的垂腹尊形制,但其腹部下垂,圈足低矮,整个器体宽大于高,显得特别肥胖敦实,在同类垂腹尊中别具一格。器腹所饰大凤鸟纹,垂冠后抛,足、体分离,与中原凤纹存在显著差异。在凤纹尊腹部有一龟鳖形的图像,与金文中属于族徽一类图像文字"天鼋"近似。据郭沫若先生考释,"天鼋"为周人姬姓的族徽[14],在江南出土吴国凤纹尊上铸有这种族徽图像,是富有寓意的。这类龟形纹,在上述屯溪折肩尊以及溧水出土提梁卣等器物上亦有所见。

卣

在江南地区这一时期出土亦较多,在形制和纹饰上,虽为仿造中原而作风又均有其特殊之处。如母子墩墓卣,提梁端作短直角牛首,小鸟形盖纽,生动活泼。盖面和卣颈部纹饰都是以圈点纹作带界,内饰平行细弦纹,弦纹间再饰以圆点纹,整个图案清新细腻,给人以惟妙惟肖之感。溧水出土卣提梁作竖扁形,提梁端双钩角兽首,特别是在提梁拱部也铸有两个对称兽首,这种形式也不见于中原。还有屯溪卣的提梁端为龙首,亦与中原卣相殊异。

盘

在江南吴地出土这一时期盘类中,目前仅有丹徒大港宜侯墓一件双耳盘是仿照中原形制,双耳高出口沿,浅腹,圈足。其他一些盘都为地方特有形式的假附耳盘。

通过以上例举主要几类青铜礼器情况来看,吴国在仿造中原时比较随意。特别是在纹饰方面,许多图案挥洒自如,不拘泥于一定的程式,与中原铜器那种造型的庄重、纹饰的严谨而规范作风判然有别。吸收中原铜器上的花纹,这一时期主要有饕餮纹、夔纹、鸟纹等。这类纹饰貌看似从中原同类纹饰脱胎演化而来,但细察之却又觉得与中原显然不同。吴国铜器上的饕餮纹,都为简化变体式,不施地纹。夔纹在这一时期运用较多,变化亦多,有作"云形夔纹"、有作"尖叶勾连纹"等。这类图案化的变体夔纹,带有几何印纹陶纹饰基因,充分利用几何图形的多变性,勾画出丰富多彩的花纹形态。它在此期间的特点是,构图线条粗疏流散,花回单位较长,作浮线雕式。在仿中原铜器上的鸟纹运用也比较多,除上述凤纹尊上所饰那种繁缛精美的大小鸟纹外,用于器腹的鸟纹饰,都采取单线条刻划的独特手法,简洁明快地勾画出一只小鸟,如破山口铜盉的阴线鸟纹;而高淳漆桥一件卣上的阴线小鸟竟画蛇添足作四条腿。还有母子墩鼎腹则以宽凸线形式,把垂冠长啄鸟的形象布成条带图案化装饰。再就是作立体装饰,如母子墩卣盖上的鸟提手、壶上的飞鸟形盖及破山口大铜盘口沿上的立鸟等,造型都非常生动形象,富有写实性,充满浓郁的生活气息,与中原铜器花纹神秘而迷幻的风格别有情趣。另外,在仿中原铜器的一些附加装饰上,也呈现一派地方特色。如对鼎、鬲、簋、卣一类器物口沿下附加浮雕兽首的形式,可谓花样百出。所见母子墩双兽首耳簋,口沿下中间所附饰浮雕牺首作蝴蝶形,鼎为"Ψ",鬲为"\[\(";溧水乌山一号墓鼎为"耒";屯溪鼎作"人"形等等,真乃各个有异,互不雷同。所有这些都别出心裁地异于中原同类纹饰。

第三种类型为吴国创造型铜器,称之"土著型"。这一类型的青铜器造型奇特新颖,为中原和其他地区所没有。对这类器过去一般均以丹徒大港烟墩山宜侯墓角状器和屯溪墓中五柱器等为典型代表,其实这类型铜器近年来在江南地区多有出土。

譬如鼎,这一时期流行两种地方独特形制:一是细高足外撇鼎,其器形特点为小方形立耳、浅盆腹、细高足外撇,丹徒宜侯墓中出土有六件。这种吴特色鼎在江南自西周早期开始,一直流行至春秋、战国之际吴国灭亡,并影响我国南方百越地区,在浙、赣、湘、闽出土的战国时期这类型鼎较多,故有人称之为"越式鼎"。另一种是矮足鼎,包括圆鼎和方鼎。圆鼎如见于丹阳司徒窖藏;方鼎如屯溪三号墓出土二件。其鼎足很矮,形制特殊,有的足横断面作外圆内空的半环状,有的呈圆突尖状,是吴地区独特器形。

簋,在仿造中原型式簋的同时,吴国自行设计铸造一种风格别具的扁体簋。如屯溪出土二件簋,侈口直领,扁圆腹,矮圈足,一件双环耳,背附镂孔夔纹,腹饰方格乳丁纹;另一件双夔形耳有环,腹饰几何线纹和平行线纹,颈与圈足饰简化云纹。

吴国铜尊从西周中期开始主要流行高筒形三段式扁腹尊并形成自己地方特色。以屯溪墓尊之二为代表,扁圆腹,颈、足饰弦纹,腹饰纤细的变体夔纹。禽兽尊吴地也有之,但造型别致,如母子墩墓出土的一件鸳鸯形尊可谓佳作,器形取材江南水乡特有的鸳鸯形象,造型优美,特别是臀下加铸的螺旋状立柱,与双足形成三支撑点,十分自然,在中原禽兽等尊类中是未见有过的。

另外,丹阳访仙出土的方体卣,器身作鼓腹四边形,肩部两侧有穿纽,四面坡式攒尖盖,形体俊俏奇特,反映吴国铜器造型上的鲜明地方个性。再就是江南各地均有出土的附耳盘,器形为敞口、直腹、圈足,附耳与盘壁贴近、与盘口齐平,还有铸作假附耳的素面盘,都是吴国铜盘独有的形制。母子墩墓一件飞鸟盖双耳壶的造型装饰更是标新立异、自成一体。从生动别致的飞鸟盖设计到整个壶体作椭圆形双环耳的形态,与中原流行的圈盖、细长颈、贯耳壶均呈现完全不同的式样。在纹饰的构图与布局艺术上,也迥异于中原。通常所见中原壶一类高体器物的纹饰,一般皆采取由上而下的分层布图法,但此壶则不然,而是以附加方钉纹的凸素条带作间界,大刀阔斧地将壶体周身竖下劈作四片大面积的纹区,每纹区内运用粗犷豪放的刀法满刻大朵的云形勾连纹图案,而各画面的云形纹形态又横竖不一,互不对称,潇洒自如,流而不乱,疏而不散,主题突出明快。在腹下两侧各有一圆形大乳丁,像兽面眼睛,又似是而非。加之在特殊造型的飞鸟盖的映衬下,显得很有气势,可谓达到了纹体统一的完美装饰艺术效果。其他诸如丹徒宜侯墓觥觥及盉,仪征破山口墓四风大盘和环耳鬲等,都是这一时期造型奇异、颇具匠心的吴国特色青铜器优秀代表作。

在吴王大墓中还发现一种特殊装木柄器件,类似兵器而无锋刃,如丹徒大港宜侯墓出的虬杖、母子墩吴王熊遂墓出的叉形器,直到春秋中晚期吴王墓中所见的鸠杖,如谏壁青龙山吴王寿梦墓和丹徒大港北山顶吴王余昧墓皆有之。据研究是为吴、越王侯之权杖。

在纹饰上,吴国土著型铜器多将几何印纹陶的花纹图案直接或有所变化地用于铜器装饰,这也是吴国铜器的一项独特创新形式。此期常见陶纹主要有云雷纹、编织纹、折线纹、套菱纹、圈点纹、圆圈纹及绳纹等。各种几何形勾连纹多使用于铜器腹部的主题纹饰。铜器与印纹陶纹饰上的相互运用,包括装饰手法,如母子墩卣的小鸟形盖捉手,与有原始瓷器的小鸟形盖捉手一模一样。这也为我们对江南地区铜器的断代分期研究,提供了方便和可靠的依据。

关于江南吴国地方铸造铜器与中原铜器的鉴别,现在看来还是比较容易分辨得出的。它们不但表现在上述器形纹饰方面的外观差异,而且在其铜质合金成分上也有所不同。迄今已经陆续对江南各地出土铜器中选择200多件标本作过光谱定性和化学定量分析,并进行综合研究得出的结论是:"吴地早期铜器以含铅较高的铜铅型和含锡量偏低的铜铅锡型为主,这种材质的普遍性也就是吴地早期铜器的特征;到了晚期的铜器多为含锡量高、含铅量低的铜锡铅三元合金"[15]。即吴国前期青铜器由于矿产原因多属铅青铜,而中原均为锡青铜。吴国青铜器因含铅量较高,在空气或土壤中容易氧化,表面覆盖一层氧化铅硬壳,变成灰色或灰白色,因而失去金属的光泽,与中原出土的有金属光泽的青铜器显有不同。过去鉴于对吴器的认识不够,而往往对这类器表灰暗、器形独特、花纹粗犷、不合体制的吴国青铜器误认为野造赝品,其实这正是吴器的特质所在。

再就是表现在铸造技术上,这一时期江南铜器和中原铜器一样都采取通体合铸法,有些器物的耳、提梁等附件为分铸。但总体水平上还赶不上中原铜器那样技艺精良,铸件表面一般都比较粗糙,灰暗无光泽,器壁砂眼也较多。纹饰都作单层,不施地纹或地纹错乱不清。有些器物如鼎、鬲一类炊器铸成后通体范痕非经打磨修饰即行使用,显得非常草率。这一情况至西周中期已经改变,特别出现像丹阳司徒凤纹尊那样的精湛佳作,可与中原同时期的上乘铜器媲美,这表明此时的江南青铜器铸造技术已经达到或接近中原最高水平。

在青铜礼器的组合上,江南与中原亦有所差异。通过对这一时期典型铜器墓的统计,主要包括丹徒大港宜侯墓、母子墩墓、屯溪一号墓、破山口墓及溧水乌山一、二号墓等,其配置形式为一鼎一簋、二鼎二簋或四鼎二簋。这种多见两两成对的偶数出土,不大符合周王朝礼制。同时在器类上,这一时期江南明显缺少饮酒器如觚、爵、觯等。

综括上述,吴国前期三种类型铜器并存的情况,可使我们得出的认识和基本估价是:

(一)江南这一时期的青铜铸造业随着吴国的建立,比之先吴时代出现飞跃的进步,中原各类铜器在江南根据需要全能自己铸造。

(二)由周人的南下传带商周先进青铜科学技术文化的媒介作用,给江南青铜器铸作树立了楷模,对江南青铜器的影响是巨大的,所以这一时期吴国青铜器以仿造中原铜器为主。

(三)具有先吴青铜冶铸传统经验的江南艺术工匠们,在仿造西周各种青铜器物时,也并不是

吴国青铜器的发展序列与地域特征

"邯郸学步"式地去照搬其原样,而是富有创新的精神,并紧密结合和体现本地民族文化特点的艺术风格。

(四)江南地区有色金属原料的自然条件,导致了吴国前期多铸造含铅量高的铜器。

由上诸方面因素构成的吴国青铜器地域特征,从这一时期业已开始形成。

三 吴国中期青铜器的鲜明地方风格

吴国中期的相对年代约当西周晚至春秋早期。属这一时期出土铜器群主要有丹阳司徒、武进淹城、江宁陶吴、南京浦口长山子、丹徒大港磨盘墩、溧水宽广墩、无锡北周巷,以及皖南繁昌、青阳等地的墓葬、窖藏和遗址中[16]。从这些青铜器所展现出的面貌特征来看,这一时期吴国青铜器铸造完全进入自己地方风格和特色的臻熟时期。这和历史上西周晚期,周王朝与南淮夷的战争不断,导致中原与吴地的交往受到阻隔,因而中原青铜器的输出和吴国对周文化的吸取造成空间障碍不无关系。

这期青铜器类型,中原铸造铜器在江南基本不见。仿造中原型铜器虽然继续流行,但各种造型轻便玲珑、新颖别致的地方创造型铜器大批涌现,形成吴国中期青铜器的崭新风貌。

鼎为礼器之首。吴地此期新流行一种鼎的形制,宽大立耳外撇,盆形浅腹,三兽蹄足聚敛,整个器形显得非常轻飘。这种鼎在江南广有发现,代表器例包括丹阳司徒Ⅱ式鼎,高淳出土Ⅲ式鼎,南京市博物馆藏重环纹鼎,镇江博物馆藏窃曲纹鼎,六合新集出土变形云雷纹鼎及繁昌Ⅲ式鼎等,均为中原鼎类中所不见。还有安徽繁昌Ⅱ式鼎和铜陵出土鸟纽盖鼎的形制更是特殊,小口带盖,圆鼓腹,两耳立于肩上或附于腹部,兽蹄足。而青阳双附耳浅盆腹鼎的足,作两端粗中间细,呈半筒状蹄形,也甚为奇异。还有繁昌汤家山墓出土的两件方鼎,直耳、蹄足、有盖,腹饰一排乳丁。高淳顾陇下大路西周墓两件圆鼎腹饰梯格纹和斜线纹带,这种独特的装饰形式,不见于中原及其他地区。

江南普遍出土,式别丰富多彩的扁体簋,尤为这一时期吴器特色的突出表现。这类簋的形制特点是卷沿、扁圆腹、矮圈足,耳作实体或镂空兽耳或呈套环形、云形等,有的耳下还带尖勾状小珥,圈足下带三扁足。其纹饰都为地方色彩,如高淳、溧水等地出土簋上的纹饰,是以阳线条构成回纹,与同时期吴地遗址出土几何硬陶纹极相似。

商晚周初中原曾流行的三段式高筒尊,西周中期以后已告消失。而在江南地区经过青铜工匠的重新设计改制而成为吴国中期的典型时兴器物之一。这种吴尊的形制特点为器体挺拔,口、腹和圈足径比例匀称,腹作扁鼓形,有的腹两侧附加一排镂空扉棱装饰,有的口沿下加一单耳,还有作双龙耳,即著名的双龙耳尊,造型独特,铸作精致漂亮,是吴国铜器中的优秀作品。其腹部纹饰有作细密的棘刺纹,这种纹饰系取材于江南原始瓷上的剔刺纹,为吴国铜器的仅有纹饰。

另外,淹城出土的三轮铜盘,牺首匜和圆盘式燕尾匜。高淳漆桥出土绹索状提梁、圆球形腹、鱼鳞纹卣。溧水宽广墩米筛纹镂空盘,这种米筛纹也是采自同时期原始瓷上习见纹饰。还有南京浦口长山子墓出侧附耳蹄足鬲。皖南郎溪出土箅承鼎,当涂单耳鼎等。都可谓吴国中期青铜器的地方典型器件。

  吴国的军乐器勾鑃和镈于，与中原周王朝礼乐器甬钟、编钟也完全不同。如淹城及高淳顾陇松溪出土大小相序一套七件的勾鑃，为吴越地区所独有，其打击和演奏方式和编钟是不一样的。镇江丹徒王家山墓出土的一套三件大小相序的人面纹曲体镈于，形似匏，纹饰具西周晚及春秋早期特点，其年代明显要比春秋晚期流行的虎纽有盘镈于为早，这是目前所见镈于时代之较早者，此种乐器有可能即始创于吴国。

  由上所例举这些器物可看出，都是江南风格独具的新器形，其造型生动活泼、不拘一格的地方变化形式，已成为这一时期吴国青铜器铸造的鲜明特色。而在对中原同时期新出现器形的仿造上，则是完全根据自己地方上的需求爱好进行取舍，中原西周中期以后开始新流行的一些时兴典型器，如时代特征很强的弇口带盖、三附足簋，以及盨、簠、豆、壶等，而在江南从未见出土过。此期吴地一般器物组合为：鼎、鬲、簋、尊、匜。由此说明，这时吴国青铜器的形制演变和器类组合，都已是自行一套规律。

  表现在纹饰上更是如此，除各种几何形图样较前期更多地运用到铜器装饰，如梯格纹、折线纹、米筛纹、棘刺纹、尖叶勾连纹、矩形纹、云雷纹等。所吸取中原同时期纹样，常见的夔龙纹、窃曲纹、重环纹及垂鳞纹等，但这些中原铜器纹饰出现在江南铜器上，其风格面貌也变成具有浓厚地方色彩的纹饰了。如以垂鳞纹为例，中原重鳞纹片宽大，一般在器腹作三层装饰，完全为呆板的图案化装饰；而吴国铜器上的这种纹饰则饶有趣味，具有江南水乡装饰格调。如溧水宽广墩铜簋和高淳漆桥球形腹卣所饰垂鳞纹，除口颈和圈足外，遍体满布密密麻麻的细小鳞片纹，活像鱼鳞一般，富有生气。这种纹饰效果比之中原那种单调死板的图案式垂鳞纹来说，江南的细鳞纹极富有形象化的写实性，二者虽视为同一类纹饰而实为两种设计不同的花样，所以对吴器上的这种纹饰称之为鱼鳞纹更为确切。再就是吴国铜器使用中原纹饰非常随意，如重环纹和垂鳞纹，在中原一般都比较庄重规整地用于鼎、簋、盘、匜等器物的主体纹饰；而在江南则不受任何限制，除上举溧水簋、高淳卣饰垂鳞纹外，所见浦口鬲以及青阳鼎耳上也用大大小小任意刻划的重环纹和垂鳞纹。还有，将中原纹饰与江南地方纹饰有机地结合运用在同一器体上，如无锡北周巷二号簋所饰细密规整的几何形纹中间，附加中原风格的两组四枚乳丁纹。再如皖南铜陵地区出土Ⅶ式鼎，腹饰重环纹在一周连接处突然改为折线纹[17]，两者均可谓和璧随珠，南北文化交融结合的典型代表杰作。这些情况皆说明，至吴国中期江南铜器选取中原纹饰为地方所用，已达到"自由王国"境界，展示出鲜明的地方风采。

  总而言之，通过对出土的吴国中期青铜器各个方面特征考察，使我们得出的印象是，此期间吴国青铜器铸造由于历史和现实文化交流的原因，不可避免地包含着受中原青铜文化影响的许多成分，但他毕竟逐步创造出富有自己地方特色的一套器物形式。因而我们认为此期吴国青铜器铸造，已完全走向他的成熟发展期。

13

四　吴国后期青铜器冶铸跃居列国前茅

吴国后期的相对年代约当春秋中、晚期。史载这一时期吴国"益疆称王",西破强楚,北威齐晋,南败越人,一度争霸中原,成为长江下游的一个强大国家。此期间吴国青铜冶铸业的技术水平,以其著称于世的铜兵器为标志,高超于中原诸国。出土的铜器群主要有六合程桥一、二、三号墓及和仁东周墓,丹徒粮山、背山顶、王家山、青龙山春秋大墓,苏州虎丘、吴县何山等铜器墓,还有一些窖藏等[18]。

从出土这一时期吴国青铜器形制来看,分为三种类型:

一是本地特点的造型。鼎中如六合程桥、苏州虎丘、丹徒背山顶和粮山等墓都有出土的竖耳、浅腹、细高足外撇鼎。另外,常见一种带盖鼎,其形制特点,深腹、圜底、附耳、蹄形高足作弧形外撇,盖面微凸,中有桥纽套提环,周围三个竖环纽。吴国铸铭铜器"吴王孙无壬"作鼎,即为这种形制鼎的代表。其他器类如丹徒粮山和六合程桥三号墓出土腰间带水注的甗,形制为甑深腹,饰以凸弦纹,耳际鼓出安有吊链;釜扁圆形,三兽蹄短足;甑、釜腰间有一突出的管状注水口。这种形制的铜甗不见于其他地区。还有粮山出土的兽耳套环、圆鼓腹、底部带三短足的罍。金坛薛埠下有三短足的鉴。溧阳社渚平附耳三扁足大铜盘。再就是薄胎刻纹铜器盘、匜、舟,以及乐器类成套的句鑃和錞于等器,皆为典型的吴国特点铜器。

二是与中原系统同类器物具有共同或相似的特点。可以铸铭吴器如六合程桥一号墓出土臧孙钟、寿县蔡侯墓吴王光鉴及传世品中的禺邗王壶等器为代表,其形制和装饰都是较为典型的中原风格。史载春秋中期以后,吴国"与中国时通朝会","朝周适楚,观诸侯礼乐",于是加强了与中原及列国文化的交流。这一类型铜器可谓当时出现的全国民族大融合趋势下的产物。

三是楚文化特点器形。由于吴、楚战争的频繁,客观上为两国文化的交流提供了渠道。在江南这一时期的铜器群墓中,常见吴器与一些楚风格的铜器共存,如圆圈形提手的附耳盖鼎,为当时楚鼎的典型模式。这其中有的楚式器可能是战利房获品,如吴县何山墓出土盉,就铸铭为"楚叔之孙途为之盉",标明其为楚器。

在纹饰上,这一时期具有江南地方特色的纹样是细密双线S纹,传统的几何形纹以及创新的薄胎铜器上刻纹图像。其他纹样同列国基本趋向一致,主要通行构图繁密华丽的蟠螭纹、蟠虺纹、螺旋纹、羽状纹等。

吴国后期青铜器,开始较多出现刻铸铭文。其书法字体分为两种:一种同列国流行的瘦长"玉柱体";另一种为鸟书即鸟篆文。这种铭体据目前所见实物资料,最早始于吴国的"王子于用戈",在公元前526年以前。至于越、楚、蔡、宋诸国兵器上亦见流行这种文字,当仿自吴器[19]。常见吴器铭文中的"攻敔"、"攻戲"、"攻吴"名称,即文献记载的"勾吴",一般简称"吴"。吴国青铜器铸铭,以王室器为主,其内容多为标明器主、联谊婚姻、颂扬祖先、赏赐军功等,还有些长篇铭文如吴王光鉴达50余字[20],记载着当时吴国外交活动方面的重要史事。吴器铭文用韵精严,反映其高度的文化水平。

总之,春秋中晚期吴国青铜文化达到光辉灿烂时期,青铜冶铸业的发展跃居列国前茅,尤其在下列项目上,居领先地位。

(一)吴国铸造的青铜兵器甲天下。吴兵以剑、戈、矛为代表,无论文献记载还是出土实物所证实,质精物美,为人艳称,驰名列国,冠绝一时,视之如宝。《战国策》云:"夫吴干之剑,肉试则断牛马,金试则截盘匜"。《庄子·刻意篇》曰:"夫有干、越之剑者,柙而藏之,不敢用也,宝之至也"。《史记·吴太伯世家》记载"季札赠剑"史事,反映吴国宝剑风靡一时,为世人仰慕。《楚辞·九歌·国殇》曰:"操吴戈兮被犀甲",将吴戈与犀甲并举,其精良无比。吴国兵器有其自身发展演化规律[21]。这一时期吴兵的形制特点,戈和矛器瘦长,锋刃锐利,有的戈在援穿上方带翘尖鼻饰;矛以骹短,鋬口呈凹叉形或内弧缺口形为其特点。剑流行宽格、椭圆茎双箍式和窄格、圆茎无箍式,剑身长达50~55厘米,剑刃线呈起伏的弧度变化,利于刺杀。因实战需要,剑身增长后为了更有效地增强在格斗时剑身中脊的抗震能力,使剑不易折断,吴越青铜匠师们首创嵌铸剑,亦称复合剑,即有些铜剑以不同成分的合金两次浇铸而成,第一次浇铸剑脊,第二次浇铸剑刃。剑脊含锡量低,加较多的铅,取其坚韧;剑刃含锡量多,硬度高,脆性大,求其锋利。这种刚柔相济的青铜剑复合铸造技术,是公元前五六世纪吴越青铜工匠的一项重要创造。同时在对兵器的纹饰技术亦有重大发明,在有些精致剑、戈、矛上所饰菱形、米字形及火焰状等几何形装饰暗花纹,是它特有绝技,埋藏地下几千年不锈不毁。目前虽经对这种花纹形成机理所作现代化技术检测,有说是采用复合金属工艺铸成,有说是经过硫化处理以及富锡膏剂扩散法等结论[22],但仍有困惑不解之谜。这是吴越青铜匠师们在我国古代科学技术上取得的又一了不起的卓越成就。吴越是我国最早创建步兵部队的诞生地,其武器装备是持戈、矛,佩短剑,机动灵活,所向披靡,称霸中原。

(二)吴国青铜农工具。从现在的出土情况来看,不但数量多而种类齐全且形制上富有地方特点。有用以砍伐垦田的斧、锛、锯;有掘地刨土耕作锄草的镢、铲、耧犁、犁、铧、锄、锸、耨;有专门收割的铜铚和锯镰等。凡农业生产上需要的一套工具,可以说达到完全具备的程度。这与郑玄注《周礼·考工记》所云:"粤地而山出金锡,铸冶之业,田器尤多"之情形是相符的。由此说明青铜农具在江南地区的使用是较为普遍的,对促进吴国农业生产的发展起了重大的作用。在吴国土墩墓中普遍发现随葬粮食的习俗,有的达上千斤之多。存在决定意识,此俗表明吴地民间粮食生产的丰盛,这在其他国家和地区是不曾见到的。吴国青铜农具特点,有些器具刃口作锯齿形,如耨、镰、铚等。在江南农村有些地方至今仍在使用锯口镰,尤适收割水稻,反映吴文化稻作农业传统的源远流长。

(三)刻纹铜器的新创造。迄今全国出土的春秋晚期薄胎刻纹铜器计有30件左右,而几乎都出自吴墓中,如六合程桥一、二号墓、和仁墓及镇江丹徒谏壁王家山墓皆出土有盘、匜、舟等器,而淮阴高庄一号墓多达20多件[23]。吴国应是这种青铜器新工艺产品的发明者,后继越、楚亦产之。这类铜器胎薄如纸,其铸造工艺技术的精湛纯熟和难度要求都是空前的,在铸好的这类铜器上用铁工具刻划出细如发丝、线条流畅、生动活泼的宴飨、狩猎等图画装饰。薄胎刻纹铜器,是我国古代青铜器中的少见精品。由于它的制作难度大,胎薄易破,在使用上仅为社会上层的少数人享有,没能够普及开来。但其制作艺术,特别是把绘画开先河用于青铜器皿的装饰,具有划时代意义,对后世漆器等纹饰有着深远影响。

(四)吴国是较早使用铁器的国家。文献记载和考古资料都说明,吴国至迟在春秋晚期已经使用炼铁和锻铁,如六合程桥一、二号墓出土铁块和锻铁条等,这是全国最早的人工炼铁。中国铸造铁兵器,似由吴、越为先。据《吴越春秋·阖闾内传》载:干将铸剑"采五山之铁精",即收集含铁较多的矿石。《越绝书》亦云:楚王"令风胡子之吴,见欧冶子干将使人作铁剑"。春秋时期吴越铁剑虽尚没有实物出土,而在一些吴国青铜剑柄内是常见嵌有铁芯现象的。另外,溧阳出土甬钟和铜钲甬内也都嵌铸铁芯,在钟的舞内近甬部有一小铁圈[24],是为增加器物柄部强度措施。再就是吴国的大型矿冶遗址皖南铜陵、贵池、繁昌等地多次出土东周铜锭,有磁性,经作光谱分析和定量分析,含铁量都达30%之高,属于铜铁合金——冰铜锭。冰铜是使用硫化铜矿的重要标志。在安徽铜陵一带的吴国炼铜遗址上的古炼渣因呈黑色一直被当地群众称为"铁屎"。吴国是我国最早使用硫化铜矿的地区,年代可上溯到西周时期[25],远远领先于中原。当时炼铜用的还原剂是炭,它同样也可还原铁,只要在炼铜炉里加入含铁较多的矿石或含铁的炼铜弃渣,适当的提高炉温,就可以炼出铁来。史载吴国冶炼工场的规模相当宏大,"使童男童女三百人鼓囊装炭"。由此可见,吴越地区完全具备由炼铜发展到炼铁的条件和可能。所以顾颉刚先生以及英国李约瑟教授都相信干将炼铁之说[26]。

(五)这一时期吴国青铜器铸造技术水平,在某些方面已超越中原,有的即使现代欲再现这种技艺亦十分困难。吴国后期的青铜器铸作,以其范线准确、器壁匀薄、配件严密、纹饰精细而著称。《荀子·强国篇》赞美曰:"刑范正,金锡美,工冶巧,火齐得"。《淮南子·修务篇》亦称颂道:"夫宋画、吴冶,刻形镂法,乱修曲出,甚为微妙"。特别是一些特殊铸件工艺,如丹徒北山顶墓出土鸠杖、悬鼓环、吴县何山东周墓提梁盉等器具的连接活动附件,都采取分铸连接技术,其精密配合程度,无与伦比,为中原铜器所不及。再如江南吴器特色的纹饰铸造技术,除上述青铜兵器的几何形暗花纹外,在一些精致铜剑首部常见铸饰细如发丝的同心圆纹;还有江南铜器上流行的独特几何棘刺纹,芒如针尖,其精湛繁密的雕刻和铸造技术,都是吴越青铜匠师创造的绝活,在现代尚属未被超越的精湛技艺。

结　语

以上根据现有出土资料,将江南地区吴国青铜器的发展分为四个时期和每一时期所表现的地方特点,作了探讨和概括论述。从中可看到,吴国青铜器自上而下一脉相承的发展序列是比较清楚的。除受中原文化影响的一面外,还有其自身一套演化规律。商周青铜文化对吴文化自始至终都有着深刻影响,吴文化与中原文化的交流是直接而频繁的,因而吴国青铜器的发展与中原基本上是同步的,为中华文明的一个重要组成部分,这是不可否认的历史事实。但是,从现今所看到的吴国青铜器事实说明,它亦自始至终保持和发扬着许多地方个性及特长,对此我们必须给以充分认识和估价,是一支有别于中原商周文化和邻境地区的地方性文化。吴文化的优点是活泼、富有生气,具有开放性与独立性,它善于师夷夏之长而力求创新,并在文化融合中保持自己的特色。通过近年来江南地区青铜器不断出土和研究工作,经与中原铜器的反复对照,现已可识别吴器的一些特性并受到学术界的重视,也纠正了一些过去对江南铜器与中原铜器混淆而造成的错误,如西周时期江南铜器上很流行的一种几何形勾连纹饰,以往就把它误认为春秋时期的蟠螭纹,从而把饰这类纹饰的江南铜器推迟至春秋,其实不然。肯定地说,对江南吴国青铜器的一些地方特征,由于目前出土资料还毕竟有限,有些是被我们认识了,而尚有许多东西可能还未被我们所看到和掌握。鉴于此,在对江南青铜器的发展序列分期断代上,既离不开中原铜器作为参照依据,但也绝不能"削足适履"地去生搬硬套。主要是通过本地共存陶瓷器的综合研究,科学地建立江南青铜器的自身体系,将是今后努力的方向。

吴国地处我国长江下游南北交通和文化交流的走廊上,因此它对于沟通中原商周文化与东南文化,起着重要的桥梁作用。吴国青铜器既打着商周文化的烙印,但更突出呈现出许多发明创造,包括在器种、形制、纹饰以及青铜合金和铸造工艺等方面。在发展进程中有其自己的演化轨迹,每个时期都显示了鲜明的地方文化色彩,有它多方面的独到之处,达到列国先进水平。吴国铜器与中原铜器如春兰秋菊,都是伟大中华民族光辉灿烂青铜文化艺术宝库中的悦目奇葩。

[注 释]:

[1][2] 《左传》哀公七年。

[3] 王志敏、韩益之:《介绍江苏仪征过去发现的几件西周青铜器》,《文物参考资料》1956年第12期。

[4] 郭沫若:《矢簋铭考释》,《考古学报》1956年第1期;唐兰:《宜侯矢簋考释》,《考古学报》1956年第2期;李学勤:《宜侯矢簋与吴国》,《文物》1985年第7期。

[5] 安徽省文物局工作队:《安徽屯溪西周墓发掘报告》,《考古学报》1959年第4期。

[6] 南京博物院:《江苏六合程桥东周墓》,《考古》1965年第5期。

[7] 肖梦龙:《宁镇地区吴文化台形遗址与土墩墓的发掘与研究》,《华东师范大学学报》(遥感考古专辑),1992年。

[8] 张敏:《宁镇地区青铜文化谱系与族属研究》,《南京博物院建院60周年纪念文集》,1992年。

[9] 曾昭燏、尹焕章:《试论湖熟文化》,《考古学报》1959年第4期;宋建:《马桥文化试析》,《江苏省哲学社会科学联合会1981年年会论文选》(考古学分册),1982年。

[10] 南京博物院:《南京北阴阳营第一、二次发掘报告》,《考古学报》1958年第1期;镇江博物馆:《江苏句容城头山遗址试掘简报》,《考古》1985年第4期;南京博物院:《江宁汤山点将台遗址》,《东南文化》1987年第3期;南京博物院、镇江博物馆:《江苏丹徒赵家窑团山遗址》,《东南文化》1989年第1期;镇江博物馆:《江苏镇江市马迹山遗址的发掘》,《文物》1983年第11期。

[11] 《江苏省出土文物选集》，文物出版社1963年。

[12] 肖梦龙：《试谈吴国土墩墓》，《人类学论文集》，中山大学出版社1986年。

[13] 江苏省文物管理委员会：《江苏丹徒烟墩山出土古代青铜器》，《文物参考资料》1955年第5期；镇江博物馆等：《江苏丹徒大港母子墩西周铜器墓发掘简报》，《文物》1984年第5期；刘兴等：《江苏溧水发现西周墓》，《考古》1976年第4期；镇江博物馆等：《江苏溧水乌山2号墓清理简报》，《文物资料丛刊》第二辑；镇江博物馆、丹阳文管会：《江苏丹阳出土的西周青铜器》，《文物》1980年第8期。

[14] 郭沫若：《殷彝中图形文字之一解》，《殷周青铜器铭文研究》，科学出版社1961年。

[15] 商志䕫：《苏南地区青铜器合金成分的特色及相关问题》，《文物》1990年第9期。

[16] 倪振逵：《淹城出土的青铜器》，《文物》1959年第4期；南京博物院：《南京发现周代铜器》，《考古》1960年第6期；南京市文管会：《南京浦口出土一批青铜器》，《文物》1980年第8期；南京博物院、丹徒县文管会：《丹徒磨盘墩周墓发掘简报》，《考古》1985年第11期；镇江博物馆：《江苏溧水宽广墩出土器物》，《文物》1985年第12期；冯普仁：《无锡北周巷青铜器》，《考古》1981年第4期；安徽省文物工作队：《安徽繁昌出土一批春秋青铜器》，《文物》1982年第12期；繁昌县文化馆：《青阳出土的西周晚期铜器》，《安徽文博》总第3期，1983年。

[17] 张国茂：《安徽铜陵地区先秦文化简论》，《东南文化》（安徽文化专号），1991年第2期。

[18] 南京博物院：《江苏六合程桥东周墓》，《考古》1965年第3期；南京博物院：《江苏六合程桥东周二号墓》，《考古》1974年第2期；南京市博物馆：《江苏六合程桥三号墓》，《东南文化》1991年第1期；南京博物院：《江苏六合县和仁东周墓》，《考古》1977年第5期；镇江博物馆：《江苏丹徒出土东周铜器》，《考古》1980年第5期；江苏丹徒考古队：《江苏丹徒北山顶春秋墓发掘报告》，《东南文化》1988年第3、4期；镇江博物馆：《镇江市谏壁王家山东周墓》，《考古与文物》1987年第4期；苏州博物馆：《苏州虎丘东周墓》，《文物》1981年第11期；吴县文管会：《江苏吴县何山东周墓》，《文物》1984年第5期。

[19] 容庚：《鸟书考》，《中山大学学报》1964年第1期。

[20] 安徽省文化局文物队：《寿县蔡侯墓出土遗物》，科学出版社1956年。

[21] 肖梦龙：《吴国青铜兵器研究》，《考古学报》1991年第2期。

[22] 陈佩芬：《古代铜兵器的成分及有关铸造技术》，《上海博物馆馆刊》第1期；复旦大学静电加速器实验室等：《越王剑的质子X荧光非真空分析》，《复旦大学学报》（自然科学版）1979年第11期；贾莹、肖梦龙、苏荣誉：《吴国暗花纹矛的检测分析与成因探讨》，肖梦龙主编《吴国青铜器综合研究》，科学出版社2004年。

[23] 淮阴市博物馆：《淮阴高庄战国墓》，《考古学报》1988年第2期。

[24] 刘兴：《镇江地区出土的青铜器》，《文物资料丛刊》第五辑。

[25] 杨立新：《皖南古代铜矿的发现及其历史价值》，《东南文化》1991年第2期。

[26] 顾颉刚：《苏州史志笔记》，江苏古籍出版社。李约瑟：《东亚和东南亚地区钢铁技术的演进》，《李约瑟文集》，辽宁出版社1986年。

附录：表一 苏南地区青铜器各元素成分含量

序号	地点	器名	时代	Cu(%)	Pb(%)	Sn(%)	Al(%)	Si(%)	Fe(%)	S(%)	Ag(%)	As(%)	Cr(%)	备注
101	溧水乌山	鼎	西周早期	87.26	10.74	0	0.62	0.73	0.42	0.33				M1.《考古》76,4：274,图1：1
102	溧水乌山	方鼎	西周早期	52.49	34.27	0	1.45	4.23	0.90	0.39	3.99	2.28		M2：1.《文物资料丛刊》2：76,图3：1
103	丹徒母子墩墓	鬲	西周中期	54.54	30.46	0	0.34	0.39	9.40	2.50		2.37		简报称雷纹鬲,《文物》84.5,图版2：3
104	丹徒母子墩墓	矛	西周中期	49.57	25.29	16.15	2.59	1.03	2.24	1.61	1.16			《文物》84,5
105	丹徒母子墩墓	镞	西周中期	61.62	15.02	19.16	1.08	0.75	0.77	1.41	0.19			《文物》84.5
106	丹徒母子墩墓	车害	西周中期	59.45	0	37.57		1.69	1.29					《文物》84.5
107	丹徒母子墩墓	马镳	西周中期	69.19	0	25.45	2.41	2.18	0.77					《文物》84.5
108	丹徒母子墩墓	马泡	西周中期	70.23	4.77	17.18	3.31	1.19	1.25	0.18	1.89			《文物》84.5
109	丹阳司徒窖藏	尊	西周中期	76.15	3.42	13.37	3.88	0.97	1.23	0.98				简报称Ⅰ式尊,《文物》80,8,图版1：3
110	高淳漆桥	卣	西周晚至春秋早期	50.01	14.34	27.75	4.28	0.89	2.73					
111	高淳漆桥	卣	西周晚至春秋早期	77.27	16.15	5.51	0.56	0.26		0.26				腹有鳞纹
112	高淳废品站	卣	西周晚至春秋早期	50.23	35.24	5.49	0.47	0.70	6.67	1.03	0.17			牛首提梁卣
113	高淳废品站	卣	西周晚至春秋早期	58.22	12.61	10.27	7.90	1.63	8.58	0.86				牛首提梁卣
114	高淳废品站	卣	西周晚至春秋早期	65.18	24.16	8.68	0.06	0.39	0.93	1.20				提梁上有一牛首

表一（续）

序号	地点	器名	时代	Cu(%)	Pb(%)	Sn(%)	Al(%)	Si(%)	Fe(%)	S(%)	Ag(%)	As(%)	Cr(%)	备 注
115	丹徒废品站	卣	西周晚至春秋早期	80.84	7.15	10.4	0.54	0.42	0.24	0.41				
116	丹徒废品站	卣	西周晚至春秋早期	73.32	3.34	20.49	0.47	1.72		0.66				腹有鸟纹
117	丹阳司徒窖藏	鼎	西周晚至春秋早期	69.18	21.44	5.24	0.41	0.58	2.06		1.09			简报称II式鼎，《文物》80.8：7,图9
118	高淳顾陇下大路村	鼎	春秋早期	54.92	24.08	16.05	0.26	0.42	0.85	3.42				《文物资料丛刊》5：108,107，图2：1
119	丹阳司徒窖藏	簋	春秋早期	44.25	33.34	1.31		0.78	4.23	7.17		8.93		简报称IV式簋，《文物》80.8：8,图17
120	高淳东坝	簋	春秋早期	56.71	22.37	11.67	1.47	2.49	2.44	2.85				《文物资料丛刊》5：107,110，图11
121	高淳漆桥	句鑃	春秋早期	84.92	7.39	6.51	0.59	0.25	0.11	0.23				
122	丹阳司徒窖藏	鼎	春秋中期	56.27	21.49	0.90	1.02	0.31	1.19	7.38		11.44		简报称III式鼎，《文物》80.8：7,图12
123	丹阳司徒窖藏	尊	春秋中期	59.16	1.85	33.65	1.11	2.53	0.57	1.13				简报称III式尊，《文物》80.8，图版1：4
124	丹徒粮山墓	鼎	春秋晚期	84.81	5.53	8.23	0.56	0.37	0.47	0.03				简报称II式鼎，《考古》81.5，图版3：2
125	镇江丹徒王家山墓	盘	春秋晚期	68.39	12.50	17.51	0.69	0.50		0.30	0.11			编号36，《文物》87.12：26
126	镇江丹徒王家山墓	盉	春秋晚期	68.14	5.88	23.87	0.34	0.34	0.11	1.66				编号48，《文物》87.12：25
127	镇江丹徒王家山墓	匜	春秋晚期	76.73	2.78	18.52	0.28	0.58	0.34	0.54	0.23			采51号，《文物》87.12：25
128	镇江丹徒王家山墓	錞于	春秋晚期	66.62	4.63	26.20	0.43	0.50	0.59	1.03				采1号，《文物》87.12：31
129	镇江丹徒王家山墓	矛	春秋晚期	75.69	3.42	20.05	0.18	0.24		0.42				采28号，《文物》87.12：33

表一（续）

序号	地点	器名	时代	Cu(%)	Pb(%)	Sn(%)	Al(%)	Si(%)	Fe(%)	S(%)	Ag(%)	As(%)	Cr(%)	备 注
130	镇江丹徒王家山墓	镈	春秋晚期	64.59	0	32.78		1.35	0.24	0.50		0.39	0.15	采5号，《文物》87.12：33
131	丹徒北山顶	鼎(1)	春秋晚期	74.90	7.44	14.93		0.41	1.83	0.49				编号04
132	丹徒北山顶	鼎(2)	春秋晚期	81.99	4.50	10.93	0.37	0.87	1.13	0.21				编号05
133	丹徒北山顶	鉴	春秋晚期	61.69	13.87	21.10	0.73	0.73	1.43	0.45				在填土中
134	丹徒北山顶	缶	春秋晚期	59.02	3.09	35.91	0.26	0.53	0.41	0.32	0.46			编号06
135	丹徒北山顶	纽钟（镈）	春秋晚期	77.25	4.61	17.20	0.23	0.50	0.01	0.20				编号69
136	丹徒北山顶	錞于(1)	春秋晚期	76.13	4.92	16.70		0.39	0.59	0.83	0.44			编号21
137	丹徒北山顶	錞于(2)	春秋晚期	78.49	6.18	13.99	0.32	0.48	0.35	0.19				编号23
138	丹徒北山顶	环(1)	春秋晚期	71.74	6.97	19.02	0.57	0.47	0.49	0.35	0.39			
139	丹徒北山顶	环(2)	春秋晚期	67.54	27.86	0	0.38	0.50	2.66	0.76	0.30			
140	丹徒北山顶	大环	春秋晚期	82.12	6.77	9.90	0.34	0.56		0.31				
141	丹徒北山顶	器环	春秋晚期	61.72	32.50	0	0.75	0.70	3.17	1.16				编号25
142	溧水采集	鼎	春秋晚期	85.73	6.92	6.77	0.24	0.47	0.18	0.16				溧水编号01
143	昆山兵希盛庄遗址	矛	春秋晚期	59.27	7.76	29.60	0.59	0.78	0.71	1.16	0.15			《昆山盛庄青铜器熔铸遗址考察》，《苏州文物资料选编》（1980年）
144	昆山兵希盛庄遗址	镰(1)	春秋晚期	49.48	14.82	30.53		2.78	0.67	1.72				
145	昆山兵希盛庄遗址	镰(2)	春秋晚期	69.66	6.23	17.04	2.17	3.11	0.69	0.89	0.21			

表二　江苏丹徒青龙山春秋墓青铜器各元素成分含量

序号	器名	Cu(%)	Sn(%)	Pb(%)	Al(%)	Si(%)	Fe(%)	S(%)	Ag(%)	As(%)	Cr(%)	备注
Z01	戈	77.32	21.92	0	0.29	0.37	0.10					原编号7－40
Z02	矛1	75.18	18.04	1.65	0.55	0.36	0.70	0.83	0.99	0.36	0.26	原编号8－45
Z03	矛2	66.01	20.46	11.30		0.46	0.20	1.56				原编号8－46
Z04	矛3	60.12	29.17	3.70	0.73	1.40	0.39	2.97	1.16	0.37		原编号8－56
Z05	矛4	75.12	25.72	1.51				0.29		0.36		原编号9－59
Z06	矛5	70.36	27.15	1.13				1.13		0.24		原编号76
Z07	戟	64.42	23.72	7.52	0.09	0.60	1.16	1.39	0.54	0.37	0.16	原编号9－64
Z08	鐏1	45.83	16.73	27.04		0.88		8.35		1.18		原编号5－24
Z09	鐏2	56.52	28.71	7.49	0.46	1.43	0.18	2.75	1.92	0.31	0.22	
Z10	鐏3	3.59	6.67	63.78		3.03		20.75		2.18		
Z11	鸟形器	56.89	29.74	7.09	0.48	1.38	0.65	2.42	1.09	0.24	0.03	
Z12	瓿	31.55	11.83	37.29	0.55	1.87	0.72	12.30	2.06	1.30	0.53	口沿部
Z13	鼎1	65.89	18.87	12.44		0.20	0.11	1.81	0.12	0.56		
Z14	鼎2	67.38	22.18	5.94		0.67	0.35	2.12	0.84	0.32	0.20	底部
Z15	鼎3	37.99	37.99	22.78		1.69	0.80	6.57	2.41	0.56	0.66	耳部
Z16	鼎4	57.85	23.44	9.01	1.15	2.05	0.17	4.10	1.56	0.50	0.17	耳部
Z17	鼎5	61.87	26.01	5.95	0.09	0.88	0.60	2.30	1.71	0.24	0.34	足部
Z18	尊1	57.04	27.15	8.04	0.06	1.22	0.45	3.35	1.84	0.52	0.33	

表二（续）

序号	器名	Cu(%)	Sn(%)	Pb(%)	Al(%)	Si(%)	Fe(%)	S(%)	Ag(%)	As(%)	Cr(%)	备注
Z19	尊2	67.65	21.60	5.00		1.03	0.42	2.12	1.45	0.36	0.36	
Z20	方形器	65.50	18.07	12.28			1.10	2.33		0.41		
Z21	镂孔器	61.75	27.11	5.96	0.54	0.84	0.42	1.90	0.96	0.27	0.23	
Z22	器物口沿	63.77	27.55	4.61		0.73	0.11	2.19	0.84	0.19		
Z23	铃	71.55	26.91	0		0.19	0.12	1.23				
Z24－1	碎片	67.13	22.60	5.53		0.52	0.53	1.54	1.41	0.23	0.52	
Z24－2	碎片	63.74	20.33	7.98	0.47	1.05	0.70	2.07	2.76	0.42	0.49	
Z24－3	碎片	50.22	29.40	10.57	0.25	1.71	0.52	4.66	1.74	0.45	0.47	
Z24－4	碎片	52.65	23.74	13.41	0.02	1.19	0.84	4.87	2.21	0.49	0.58	
Z24－5	碎片	53.20	27.69	9.00	0.68	2.07	0.75	3.99	1.83	0.33	0.30	
Z24－6	碎片	56.78	20.75	6.14	1.34	2.16	0.16	2.30	1.48	0.23	0.25	
Z24－7	碎片	63.45	23.02	9.53		0.54	1.60	1.27	0.46	0.03	0.10	
Z24－8	碎片	72.08	9.38	11.90	0.18	1.37	1.64	2.60	0.03	0.60	0.32	
Z24－9	碎片	64.32	26.71	7.02		0.33	0.58	1.04				
Z24－10	碎片	51.94	40.14	3.62		0.79	1.34	1.86		0.31		
Z24－11	碎片	42.19	34.33	13.09	0.60	1.58	0.78	4.83	1.63	0.57	0.35	
Z24－12	碎片	65.67	26.22	2.33	0.42	1.03	0.55	1.22	1.70	0.30	0.56	

23

表三　苏南地区青铜块各元素成分含量

序号	地点	Cu(%)	Pb(%)	Sn(%)	Al(%)	Si(%)	Fe(%)	S(%)	Ag(%)	备注
201	句容茅山西麓村	66.77	27.17	0	2.33	1.01	0.85	1.46	0.41	《文物资料丛刊》5：112
202	金坛鳌墩墓	57.65	37.65	0		2.07	0.58	2.05		《文物资料丛刊》5：112；《考古》78,3：151
203	金坛东方村	60.24	38.10	0	0.46	0.26	0.11	0.14		《文物资料丛刊》5：112
204	昆山兵希盛庄遗址	87.10	8.05	0	2.85	1.32	0.52	0.16		《昆山盛庄青铜器熔铸遗址考察》，《苏州文物资料选编》（1980年）
205	昆山兵希盛庄遗址	55.00	43.23	0	1.36	0.14	0.16	0.11		
206	昆山兵希盛庄遗址	64.38	27.06	4.78	1.63	0.85	0.66	0.64		
207	昆山兵希盛庄遗址	64.96	5.91	18.01	1.87	3.76	4.47	0.79	0.23	

表四　苏南地区80件青铜器少量和微量元素含有比例

元素	不含有数		含有数	
	数目	百分比	数目	百分比
Al	23	28.75%	57	71.25%
Si	4	5.00%	76	95.00%
Fe	9	11.25%	71	88.75%
S	5	6.25%	75	93.75%
Ag	41	51.25%	39	48.75%

图版

LIST OF PLATES

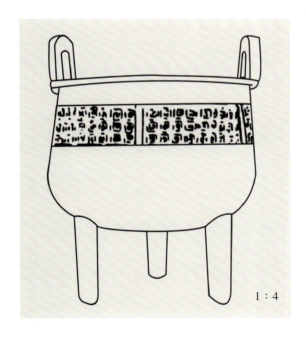

1:4

1 兽面纹鼎 西周

通高29.6、口径26厘米

1954年江苏丹徒烟墩山宜侯墓出土,南京博物院藏。

折沿,方唇,立耳,垂腹,柱足。腹饰细云雷纹组成的三段式兽面纹。

丹徒烟墩山宜侯墓

2　**宜侯夨簋**　西周

通高 15.7、口径 22.5、足径 18 厘米

1954 年江苏丹徒烟墩山宜侯墓出土，中国国家博物馆藏。

折唇，浅腹，四兽耳，高圈足。腹饰涡纹，间以夔纹，圈足饰夔纹，有四短扉棱。底内铸有铭文十二行，存 118 字。铭文为西周早期诸侯分封和研究吴国早期历史提供重要资料。

丹徒烟墩山宜侯墓

3　弦纹鬲　*西周*

通高21.8、口径18厘米

1954年江苏丹徒烟墩山宜侯墓出土,南京博物院藏。

折沿,立耳,短颈,款足弧形裆。腹饰两道凸弦纹。

丹徒烟墩山宜侯墓

4 附耳簋 西周

通高 11.8、口径 18.3 厘米

1954 年江苏丹徒烟墩山宜侯墓出土，南京博物院藏。

侈口，附耳，高圈足。腹和圈足饰尖叶勾连纹。

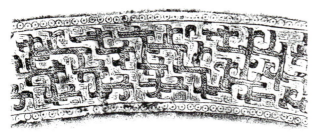

5　勾连纹双耳盘　西周

通高 25.4、口径 48.5、足径 32.7 厘米

1954 年江苏丹徒烟墩山宜侯墓出土，南京博物院藏。

方唇，附耳高于器口，浅腹，圈足，器体厚重。腹饰勾连纹。

6　假附耳盘　西周

通高 8、口径 23.9、足径 18.5 厘米

1954 年江苏丹徒烟墩山宜侯墓出土，南京博物院藏。

直口，附耳贴铸于器壁，高圈足。这类假附耳盘是吴国的典型器物。

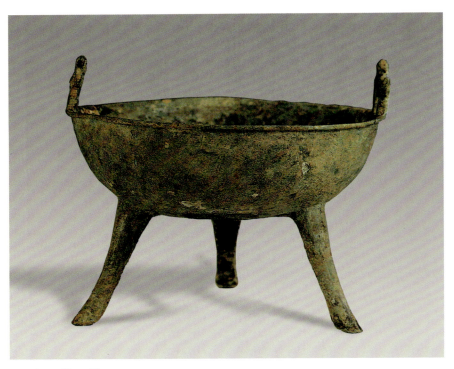

7 竖耳撇足鼎 西周

通高 10.8 厘米

1954 年江苏丹徒烟墩山宜侯墓出土，南京博物院藏。

竖耳作虎形，盆形腹，三细足外撇。是具有吴国特色的典型青铜器。

8 竖耳撇足鼎 西周

通高 9.4 厘米

1954 年江苏丹徒烟墩山宜侯墓出土，南京博物院藏。

竖耳作鸟形，盆形浅腹，三细足外撇。是具有吴国特色的典型青铜器。

9　蟠龙盖盉(2件)　西周

通高 30.5、口径 10.3、腹径 17 厘米

1954 年江苏丹徒烟墩山宜侯墓出土，南京博物院藏。

两件为一对，器形、纹饰相同。盖作昂首蟠龙形，有系
环与兽首錾相连，直口，硕腹下垂，圜底，三足略外撇。颈饰
变体夔纹。

鸟纹觥纹饰拓片
　　1.头部　2.胸部　3.鋬　4.身侧

10 鸟纹觥 西周

通高 21、身长 21.8 厘米

1954 年江苏丹徒烟墩山宜侯墓出土，南京博物院藏。

形似四足双角兽，背部有盖，上立兽状小纽，身后附龙形鋬，腹下四扁足。腹饰凤鸟纹，足上饰象纹。

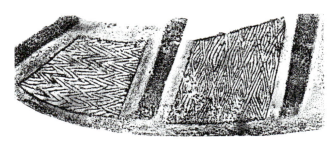

11 角状器 西周

通长 25.8、高 17.6 厘米

1954 年江苏丹徒烟墩山宜侯墓出土，南京博物院藏。

器作牛角状，断面呈三角形，尾端突出呈竹哨状，中空。两侧面饰三宽带相间套菱形纹和折线纹，底部素面，尾部饰凸弦纹。

12 虬杖 西周

杖首长 15.2 厘米；镦长 16.3 厘米

1954 年江苏丹徒烟墩山宜侯墓出土，南京博物院藏。

右下为首，左上为镦，皆有銎可套在木柄上，首微弯曲，首与镦的一侧皆有虬形饰。

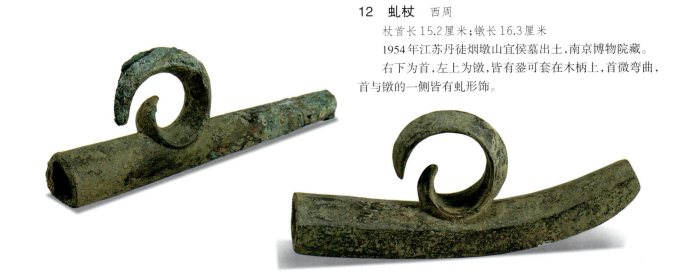

13 云形鸟纹鼎　西周

通高 25.3、口径 20.2 厘米

1982 年江苏丹徒大港母子墩西周墓出土，镇江博物馆藏。

敛口，折沿，方唇，立耳微外侈，垂腹，柱足。口沿下饰一周以宽线条构图的云形鸟纹。

1：4

丹
徒
母
子
墩
西
周
墓

1 : 3

14　雷纹鼎　西周

通高21.2、口径17.8厘米

1982年江苏丹徒大港母子墩西周墓出土,镇江博物馆藏。

敛口,折沿,方唇,立耳,垂腹,柱足。口沿下饰一周凸弦纹框边的方雷纹带。

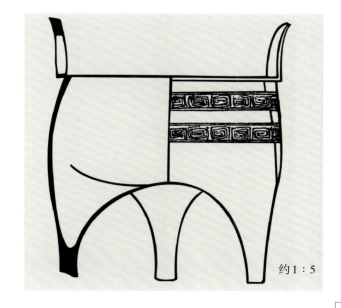

约 1 : 5

15　雷纹鬲　西周

通高 39.5、口径 32 厘米

1982 年江苏丹徒大港母子墩西周墓出土,镇江博物馆藏。

直口,平折沿,竖耳,腹壁竖直,高弧裆,锥形袋足,柱状实足根。耳内面二道凹线纹,口沿下饰两周条带方雷纹,由三个"] ["形纹间隔成三组。

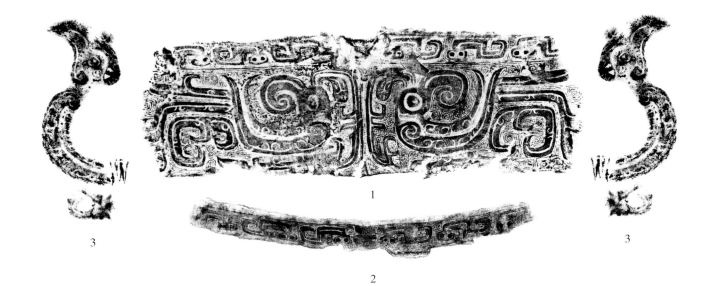

1

3   3

2

4

伯簋纹饰拓片
　　1.腹部　2.圈足　3.耳部　4.底座

16　伯簋　西周

通高24、口径22.2厘米

1982年江苏丹徒大港母子墩西周墓出土, 镇江博物馆藏。

敞口, 方唇, 束颈, 鸶鸟形耳下有卷尾小珥, 鼓腹, 圈足, 方座。口沿下饰蚕纹, 间饰浮雕牺首, 腹及方座饰细云纹衬地的大凤鸟纹, 方座四角顶面饰饕餮纹, 圈足饰蚕纹。器内底部有铭文:"白(伯)乍宝尊彝"。

1

3

2

双兽首耳簋纹饰拓片

1.腹部　2.耳部　3.圈足

17　双兽首耳簋　西周

高14、口径22.2厘米

1982年江苏丹徒大港母子墩西周墓出土，镇江博物馆藏。

直口，卷沿，深腹，圈足，双兽首耳下垂小珥。口沿下饰几何形勾连纹，中间并附饰蝶形浮雕牺首，腹部饰简化饕餮纹，圈足饰几何形勾连纹。

18 勾连纹尊 西周

高27、口径22.2厘米

1982年江苏丹徒大港母子墩西周墓出土,镇江博物馆藏。

喇叭形侈口,圆鼓腹,高圈足外侈,有直裙。腹部有六道凹弦纹,中间饰一云形勾连纹带,腹上下各有两道凸弦纹。

丹徒母子墩西周墓

44

1 : 3

19　鸳鸯形尊　西周

通高22.2、口径18.3厘米

1982年江苏丹徒大港母子墩西周墓出土,镇江博物馆藏。

器体为鸳鸯形,喇叭形口,以鸳鸯躯体为器腹,鸳鸯长颈昂首,首上有冠,束翅展尾,臀部下置一螺旋形支柱,与带蹼双脚构成器物三足。是具有吴国特色的典型铜器。

20　提梁卣　西周

通高 34.5、口径 17.7×13.5 厘米

1982 年江苏丹徒大港母子墩西周墓出土，镇江博物馆藏。

椭圆体，扁提梁，两端为牛头形兽首。有盖，盖纽作小鸟形。鼓腹，圈足。提梁上两行圈点纹，颈部及盖顶面纹饰是以圈点纹镶边，平行细绳纹相间的圆点纹，圈足饰斜三角云纹。

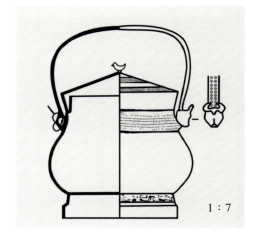

1：7

21　双耳鸟盖壶　西周

通高49、口径20×13.8厘米

1982年江苏丹徒大港母子墩西周墓出土，镇江博物馆馆藏。

飞鸟形盖，直口，斜颈，颈部两侧有对称的竖耳，下腹微鼓，圈足有裙。器身饰以附有方乳丁的凸宽带纹为间隔，分成四片由圈点纹镶边的云形勾连纹，左右两对称乳丁。是具吴国特色的典型青铜器。

丹徒母子墩西周墓

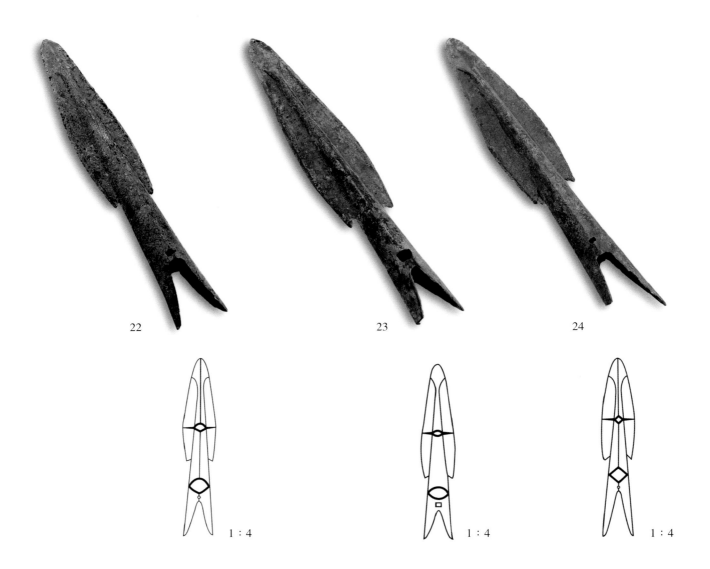

22　23　24　1:4　1:4　1:4

22　矛　西周

通长20.6厘米

1982年江苏丹徒大港母子墩西周墓出土,镇江博物馆藏。

矛叶窄长,中部向外成弧形,下收作后锋,骹口端呈燕尾形双尖叉,中脊及骹作方菱形,有对穿的方卯孔。

23　矛　西周

通长20.7厘米

1982年江苏丹徒大港母子墩西周墓出土,镇江博物馆藏。

矛叶较长,叶中部向外成弧形,下收作后锋,圆凸脊,菱形骹,骹口端成燕尾形双尖叉,对穿方卯孔较大。

24　矛　西周

通长20.9厘米

1982年江苏丹徒大港母子墩西周墓出土,镇江博物馆藏。

叶窄长,中部向外成弧形,下收作后锋,圆凸脊,菱形骹,骹口端呈燕尾形双尖叉,上有一对穿方卯孔。

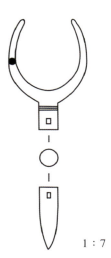

1 : 7

25 叉、镦 西周

叉通长 22.8、骹口径 3.6 厘米；镦长 12.8、口径 3.6 厘米

1982 年江苏丹徒大港母子墩西周墓出土，镇江博物馆藏。

叉作双股式，向内弯曲，双尖圆突无锋，骹上饰两道凹弦纹，近口一对穿长方形卯孔。镦呈长圆锥形，有卯孔。

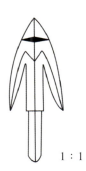

1 : 1

26 镞 西周

长 3.8~4.3 厘米

1982 年江苏丹徒大港母子墩西周墓出土，镇江博物馆藏。

三锋两刃，有铤，中起脊。

丹徒母子墩西周墓

27 马衔、镳 西周

衔通长17厘米;镳长7.5、宽4厘米

1982年江苏丹徒大港母子墩西周墓出土,镇江博物馆藏。

衔作两节相互联结的"8"字形,两头装长方形镳。镳一端折边,有二孔,另一端有尖状装饰。

28 车舌、辖 西周

舌长8.6、口径4、对穿长方形辖孔2.4×1厘米;辖通长9.5厘米

1982年江苏丹徒大港母子墩西周墓出土,镇江博物馆藏。

舌作直筒锥形,锥端部饰螺旋纹和折线纹。辖作扁条体,辖首有勾状饰和一方形孔。

29 兽首饰件 西周

高4、宽3.2厘米

1982年江苏丹徒大港母子墩西周墓出土,镇江博物馆藏。

长方形兽面铺首形,底边有两竖立梁,梁上三对穿方孔。

丹徒母子墩西周墓

30 节约 西周

通长 7.5、肢宽 3.5 厘米

1982 年江苏丹徒大港母子墩西周墓出土，镇江博物馆藏。

呈人字形，三通。正面中心凸出一乳尖周环绕螺旋纹，三肢部饰折线纹。

31 大型铜泡 西周

径 7.4 厘米

1982 年江苏丹徒大港母子墩西周墓出土，镇江博物馆藏。

正面圆鼓，靠边四个对称的三角形穿系孔。

32 中型铜泡 西周

径 4.3 厘米

1982 年江苏丹徒大港母子墩西周墓出土，镇江博物馆藏。

正面起凸，中间一乳尖周环饰螺旋纹，背面四个曲尺形带孔鼻梁，构成十字交叉穿系。

33 铜泡 西周

径 3.2 厘米

1982 年江苏丹徒大港丹徒母子墩西周墓出土，镇江博物馆藏。

正面起凸，素面，背面有一横梁。

31　　　　　　32　　　　　　33

丹徒母子墩西周墓

51

34　小甲泡　西周

径1~1.3厘米

1982年江苏丹徒大港母子墩西周墓出土,镇江博物馆藏。

正面高凸成馒头状,背面有一横梁。

35　垫圈　西周

外径8、内径4.3厘米

1982年江苏丹徒大港母子墩西周墓出土,镇江博物馆藏。

扁圆圈状。

丹徒母子墩西周墓

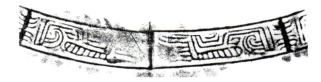

36　兽面纹鼎　西周

通高24.5厘米

1974年江苏溧水乌山一号西周墓出土,镇江博物馆藏。

敛口,直耳,垂腹,柱足。口沿下饰以线条组成的简化变体兽面纹带。

37　云纹方鼎　西周

通高18厘米

1975年江苏溧水乌山二号西周墓出土,镇江博物馆藏。

方沿,立耳,长方形腹,腹部四角有扉棱,平底,柱足。鼎腹饰上下两行卷云纹,两端为方雷纹。

38　提梁卣　西周

通高 30.3、口径 15.8×9.8 厘米

1975 年江苏溧水乌山二号西周墓出土,镇江博物馆藏。

器盖已失。器身椭圆形,提梁两端饰牛首,垂腹,颈部饰两条圈点纹间九道凸弦纹,足上亦饰两道圈点纹。

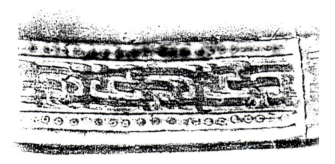

39　附耳盘　西周

通高 9.9、口径 31 厘米

1975 年江苏溧水乌山二号西周墓出土，镇江博物馆藏。

直口，浅腹，圈足，双附耳与口沿齐平。腹饰圈点纹框边的条带状勾连纹，耳面亦饰圈点纹。

40　戈　西周

援长 14.1、内长 5.3、胡长 9.5 厘米

1975 年江苏溧水乌山二号西周墓出土，镇江博物馆藏。

长胡三穿，三角形援尖，援中起脊，内下角有缺口，中有一未穿透的方孔。

溧水乌山西周墓

55

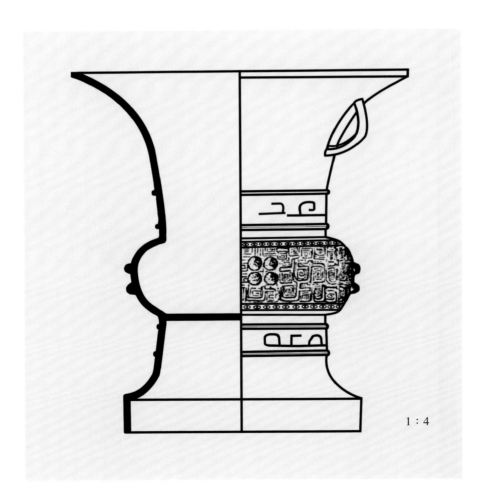

1 : 4

41　单耳尊　西周

通高39、口径34.5、腹径24.1厘米

1982年江苏丹徒大港磨盘墩西周墓出土，南京博物院藏。

喇叭口，口沿下有一环状耳，扁鼓腹，圈足。腹上下各饰两道凸弦纹，腹部以圈点纹为边框，满饰云雷纹，间饰四组计十六枚乳丁。这类高筒形扁鼓腹尊是吴国的典型器物。

42　夔龙纹匜　西周

通高 21.5、长 46、宽 29 厘米

1982 年江苏丹徒大港磨盘墩西周墓出土,南京博物院藏。

长流,瓢形身,兽形鋬,三蹄足。流饰云纹,口沿下一周夔龙纹带,鋬上阴线垂鳞纹。

43　附耳盘　西周

通高 11、口径 31.3、底径 21.5 厘米

1985 年江苏丹阳访仙乡骆驼四方山西周墓出土，丹阳市博物馆藏。

敞口，浅腹，附耳，圈足。腹上圈点纹框边的曲尺形几何纹带，圈足上两排圈点纹。

44　小纽钟　西周

三件器形相同，通高 8.5～10 厘米

1985 年江苏丹阳访仙乡骆驼四方山西周墓出土，丹阳市博物馆藏。

钟体呈合瓦形，环纽，钲部有三角形孔，于微凹。素面。

45　兽面纹尊　西周

高28、口径22、腹径14.6、底径15厘米

1985年江苏丹阳访仙乡骆驼四方山西周墓出土,丹阳市博物馆藏。

尊身较瘦长。喇叭口,腹部微鼓,高圈足。腹部上下各饰两道凸弦纹,中间饰简化兽面纹,两侧有扉棱。

丹
阳
四
方
山
西
周
墓

46 方卣 西周

高27、腹边长13、底边长12.5厘米

1985年江苏丹阳访仙乡骆驼四方山西周墓出土，丹阳市博物馆藏。

卣体断面近方形，两侧各有一半环形纽。方形尖顶盖，方圈足，每边中部凹空。周身满饰几何形纹相间的圈点纹。

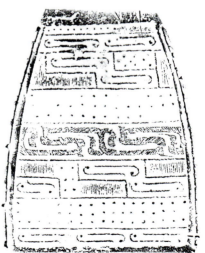

47　矮足鼎　西周

通高 41.8、口径 40.5 厘米

1976年江苏丹阳司徒砖瓦厂西周铜器窖藏出土,镇江博物馆藏。

立耳,深腹,矮柱足。腹上部饰一道凸弦纹。这类矮足鼎是具有吴国特色的典型器物。

丹阳司徒西周窖藏

48 弦纹鼎 西周

通高 41.8、口径 49.2 厘米

1976年江苏丹阳司徒砖瓦厂西周铜器窖藏出土,镇江博物馆藏。

平折沿,立耳,深腹,U形空足。腹部饰两道凸弦纹。

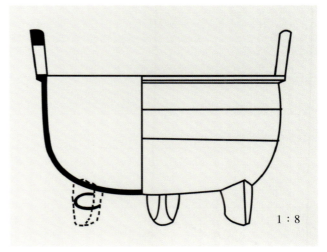

1:8

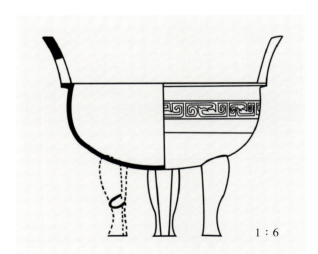

1 : 6

49 卷云纹鼎 西周

通高 33、口径 32.3 厘米

1976年江苏丹阳司徒砖瓦厂西周铜器窖藏出土,镇江博物馆藏。

直耳,半球形腹,空蹄形足。腹部饰云雷纹带,下加饰一道凸弦纹。

丹阳司徒西周窖藏

50　矮足鼎　西周

通高27、口径22.6厘米

1976年江苏丹阳司徒砖瓦厂西周铜器窖藏出土，镇江博物馆藏。

折平沿，附耳，腹下部垂大，矮柱足。腹部饰两道凸弦纹，弦纹间夹饰四组双乳丁。

丹阳司徒西周窖藏

51　弦纹圆锥足鼎　西周

通高 27、口径 22.5、足高 6.3 厘米

1976年江苏丹阳司徒砖瓦厂西周铜器窖藏出土,镇江博物馆藏。

平折沿,双附耳,腹下部垂大,圆锥形矮足。腹部饰两道凸弦纹。

52 乳丁纹尖锥足鼎 西周

通高27、口径22.5、足高7.5厘米

1976年江苏丹阳司徒砖瓦厂西周铜器窖藏出土,镇江博物馆藏。

平折沿,附耳,腹下部垂大,尖锥形短足。腹部饰两道凸弦纹,弦纹间夹饰四组双乳丁。

53 夔纹鼎 西周

通高26.5、口径26.5厘米

1976年江苏丹阳司徒砖瓦厂西周铜器窖藏出土，镇江博物馆藏。

立耳，半球形腹，蹄形足，足根部铸作夔首。腹上饰夔纹，下饰一道凸弦纹。

丹阳司徒西周窖藏

54　环云纹鼎　西周

通高22.8、口径13.4厘米

1976年江苏丹阳司徒砖瓦厂西周铜器窖藏出土，镇江博物馆藏。

直耳，半球形腹，蹄足，足根部铸作夔首。腹部饰环云纹。

55 弦纹鼎 西周

通高 23、口径 24 厘米

1976 年江苏丹阳司徒转瓦厂西周铜器窖藏出土,镇江博物馆藏。

双附耳,半球形腹,蹄形足。腹上饰一周凸弦纹。

56　弦纹鼎　西周

通高23、口径24.2厘米

1976年江苏丹阳司徒砖瓦厂西周铜器窖藏出土，镇江博物馆藏。
双附耳，半球形腹，蹄形足。腹部饰一周凸弦纹。

57 弦纹鼎 西周

通高 23、口径 24.1 厘米

1976年江苏丹阳司徒砖瓦厂西周铜器窖藏出土,镇江博物馆藏。

附耳,半球形腹,蹄形足。腹部饰一周凸弦纹。

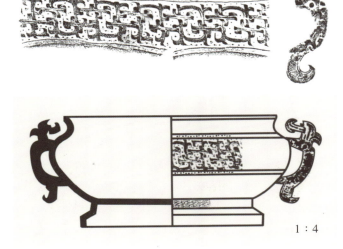

58 双夔耳簋 西周

高 11.2、口径 20.8 厘米

1976 年江苏丹阳司徒砖瓦厂西周铜器窖藏出土,镇江博物馆藏。

侈口,双夔耳,扁鼓腹,圈足。腹部饰勾连纹,间饰圈点纹,上下界以垂三角纹,圈足饰云雷纹。这类扁体簋为具有吴国特色的典型器物。

1 : 4

59　双兽耳乳丁纹簋　西周

高14、口径21厘米

1976年江苏丹阳司徒砖瓦厂西周铜器窖藏出土，镇江博物馆藏。

侈口，束颈，鼓腹，高圈足。腹饰四排乳丁纹，以斜方格线为地。上下界以圈点纹。

60　双龙首耳簋　西周

高8.5、口径21.3厘米

1976年江苏丹阳司徒砖瓦厂西周铜器窖藏
出土,镇江博物馆藏。

侈口,双耳作龙首形,扁鼓腹,圈足。腹部
以圈点纹为界,饰以线条纹为地的勾连纹,其间
有四组双乳丁。

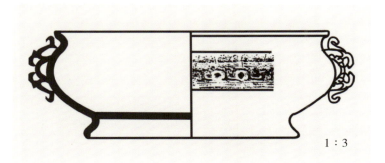

1 : 3

61　兽耳簋　西周

高8.6、口径21.8厘米

1976年江苏丹阳司徒砖瓦厂西周铜器窖藏出土,镇江博物馆藏。

侈口,兽耳,扁鼓腹,圈足。腹部饰勾连纹,上下圈点纹为边。

62　套环耳簋　西周

高6.5厘米、口径17.2厘米

1976年江苏丹阳司徒砖瓦厂西周铜器窖藏出土,镇江博物馆藏。

侈口,套环形双耳,扁鼓腹,圈足。腹部及圈足均饰几何形纹。

63　无耳簋　西周

高 10.4、口径 18.7 厘米

1976 年江苏丹阳司徒砖瓦厂西周铜器窖藏出土,镇江博物馆藏。

侈口,无耳,鼓腹,圈足。外底部有一半圆形环纽。腹部在上下圈点纹的边界间饰两道环云纹和圆点纹。

丹阳司徒西周窖藏

64　凤纹尊　西周

通高34、口径41.4、底径28.5厘米

1976年江苏丹阳司徒砖瓦厂西周铜器窖藏出土，镇江博物馆藏。

侈口，腹下垂，圈足。口沿下饰四组长尾对鸟纹，颈部中间饰浮雕羊首，两侧排列小鸟和乳丁纹，腹部饰两对大凤鸟纹，中间有一龟纹，通体以细密云雷纹为地。这是目前所见吴国早期铸造最华丽精美的铜器。

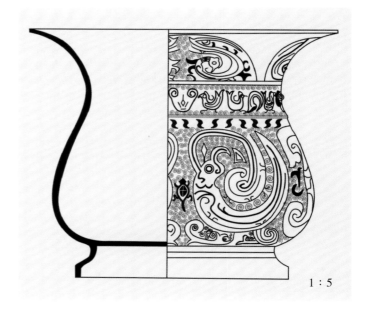

1：5

65　突棱腹尊　西周

高 17.5、口径 21.2、腹径 21 厘米

1976 年江苏丹阳司徒砖瓦厂西周铜器窖藏出土,镇江博物馆藏。

侈口,突棱腹,圈足。腹上下及圈足饰以圆点纹为边框的尖叶勾连纹。

66 棘刺纹尊 西周

通高 27.8、口径 29.3 厘米

1976 年江苏丹阳司徒砖瓦厂西周铜器窖藏出土，镇江博物馆藏。

侈口，扁鼓腹，高圈足。腹部饰细密几何形纹为地的棘刺纹，上下以圈点纹镶边，颈和圈足饰棘刺纹带和三角形边框。这是具有吴国特色的典型青铜器。

67　棘刺纹尊　西周

通高23.2、口径24.9厘米

1976年江苏丹阳司徒砖瓦厂西周铜器窖藏出土，镇江博物馆藏。

侈口，扁鼓腹，高圈足。腹部饰几何形纹及凸出的棘刺纹，圈点纹边框，颈和圈足有几何形纹带及竖纹镶边。

68 贴耳盘 西周

高12.8、口径43厘米

1976年江苏丹阳司徒砖瓦厂西周铜器窖藏出土,镇江博物馆藏。

敞口,装饰性附耳贴铸于口沿下,斜弧腹,矮圈足。全器素面,较厚重。

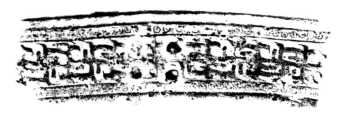

69 附耳勾连纹盘 西周

高12.2、口径31.2厘米

1976年江苏丹阳司徒砖瓦厂西周铜器窖藏出土,镇江博物馆藏。

直口,附耳与口沿齐,浅腹,圈足。腹饰勾连纹及六组凸出的四乳丁纹,上下有圈点纹框边,圈足亦饰勾连纹带。是为具有吴国特色的典型青铜器。

70　附耳弦纹盘　西周

高 11.5、口径 30.7 厘米

1976年江苏丹阳司徒砖瓦厂西周铜器窖藏出土,镇江博物馆藏。

直口,浅腹,附耳与口沿齐,圈足。耳面饰圈点纹,腹饰四条凸弦纹,圈足饰两条凸弦纹。

71　圆点纹瓿　西周

高 16.2、口径 18.8 厘米

1976年江苏丹阳司徒砖瓦厂西周铜器窖藏出土,镇江博物馆藏。

小口,卷沿,扁圆腹,矮圈足,肩部有两个环形小耳。肩上有一条凸弦纹,腹上部遍饰细密的圆点纹,上下以两条凸弦纹为边。

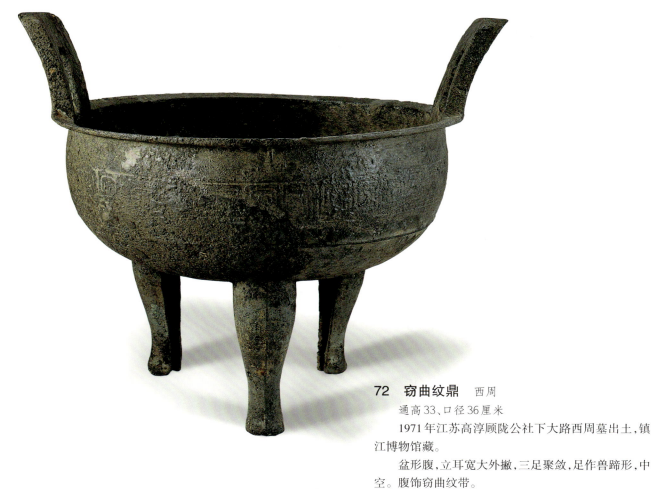

72 窃曲纹鼎 西周

通高 33、口径 36 厘米

1971 年江苏高淳顾陇公社下大路西周墓出土，镇江博物馆藏。

盆形腹，立耳宽大外撇，三足聚敛，足作兽蹄形，中空。腹饰窃曲纹带。

73 戈 西周

通长 17.6、宽 3.1、胡长 11.6 厘米

1971 年江苏高淳顾陇公社下大路西周墓出土，镇江博物馆藏。

三角形锋，援中起脊，长胡，阑侧四穿，内上一穿，内端上下缺角。

74 扉棱尊 西周

高 17.4、口径 19.4 厘米

1971 年江苏高淳顾陇公社下大路西周墓出土, 镇江博物馆藏。

喇叭口, 扁鼓腹, 腹两侧有镂空扉棱, 高圈足。腹部饰圈点纹框边的几何形纹, 中间圆点纹, 颈和圈足上饰圈点纹和几何纹带。

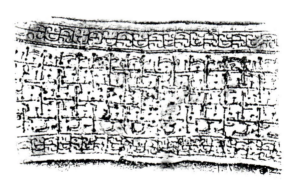

75　扉棱簋　西周
　高9.8、口径16.3厘米
　1981年江苏溧水和凤公社黄家大队宽广墩西周墓出土，南京博物院藏。
　侈口，扁鼓腹，腹上四对称镂空扉棱，矮圈足。腹部满饰勾连纹框边的几何形纹，圈足亦饰勾连纹带。是具有吴国特色的典型青铜器。

76　小耳短足扉棱簋　西周

通高9、口径16.5厘米

1981年江苏溧水和凤公社黄家大队宽广墩西周墓出土,南京博物院藏。

侈口,肩上两索状小立耳,扁鼓腹,腹有四道镂空扉棱,圈足下三小扁足。腹饰双勾交连纹,上下界饰折线纹和圈点纹,圈足饰交连纹。

77　附耳簋　西周

通高11.9厘米

1981年江苏溧水和凤公社黄家大队宽广墩西周墓出土,南京博物院藏。

侈口,绳索状附耳,直腹,高圈足。腹饰短竖线框边的细鳞纹,圈足饰勾连纹带。

78　夔龙纹匜　西周

高 20.3、纵 21.4、横 34.8 厘米

1981年江苏溧水和凤公社黄家大队宽广墩西周墓出土，南京博物院藏。

器身瓢形，长流，流下斜出一小尖钉，圜底，三蹄足。口沿下饰顾首夔龙纹带。

溧水宽广墩西周墓

79　S形纹匜　西周

径16、高8厘米

1981年江苏溧水和凤公社黄家大队宽广墩西周墓出土,南京博物院藏。
浅盆形,短流,无尾饰,腹下三蹄足。腹饰S形几何纹带。

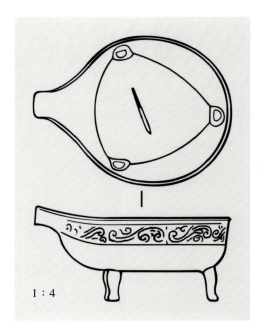

1:4

80　窃曲纹鼎　西周

通高 32.5、口径 31.5 厘米

1977 年江苏溧水白马公社上洋大队段西生产队西周土墩墓出土，溧水县博物馆藏。

平折沿，宽大立耳外撇，盆形腹，三蹄足聚敛。腹饰一道窃曲纹带。

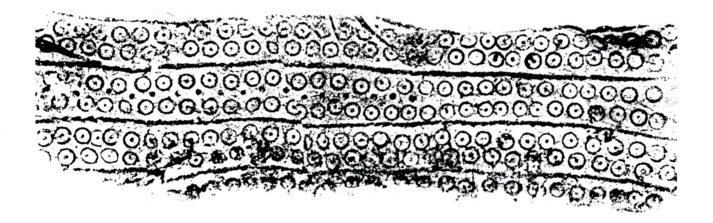

81 圈点纹尊 西周

通高 15.2、口径 15.2 厘米

1977 年江苏溧水白马公社上洋大队段西生产队西周土墩墓出土，溧水县博物馆藏。

喇叭口，扁鼓腹，高圈足。腹饰弦纹相间的五道圈点纹，并点缀小点纹。

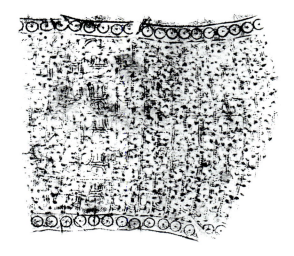

82　扁鼓腹尊　春秋

高 26、口径 27.1 厘米

1957年江苏武进淹城内城河出土,南京博物院藏。

侈口,扁鼓腹,高圈足。腹满饰圆点纹框边的几何纹地凸出棘刺纹,颈和圈足上饰短竖线和勾连纹。

武
进
淹
城
内
城
河

83　三轮盘　*春秋*

通高 15.8、口径 26、轮径 7.8 厘米

1957 年江苏武进淹城内城河出土，中国国家博物馆藏。

浅盘，无耳，盘下有三个车轮，一轮上立二顾首兽，可推动。盘腹饰几何纹。是具有吴国特色的典型青铜器。

84 牺首匜 *春秋*

高21、宽39、口径23.7厘米

1957年江苏武进淹城内城河出土,南京博物院藏。

圆口,流作牺首形,有尖锐的竖角。鋬为片状,鼓腹,矮圈足。腹和牺颈饰细密的鳞纹,牺首饰几何纹。

武
进
淹
城
内
城
河

102

85 三足匜 春秋

通高 14.4、长 43.6 厘米

1957 年江苏武进淹城内城河出土,南京博物院藏。

器身圆盘形,短流,浅腹,圭形鋬,三兽蹄足。腹饰
一道雷纹带,鋬上饰云雷纹。

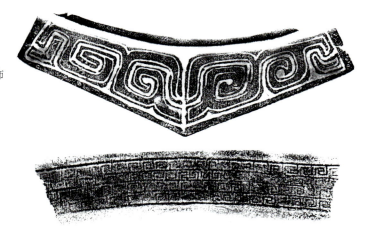

86　三足匜　春秋

高 14.5、长 43.5厘米

1957年江苏武进淹城内城河出土,南京博物院藏。

器身作瓢形,半圆形流,兽形鋬,三蹄足。腹上饰变形夔纹带。

1：3

87　云雷纹甗　春秋

通高 36.6、口径 32 厘米

1987 年江苏丹徒谏壁新竹青龙山春秋墓出土，镇江博物馆藏。

敞口，绳索状外撇耳立于沿上，甑腹弧收，釜腹扁圆，平底，三蹄足。甑腹部饰云雷纹带和垂三角纹带。

丹徒青龙山春秋墓

1：2

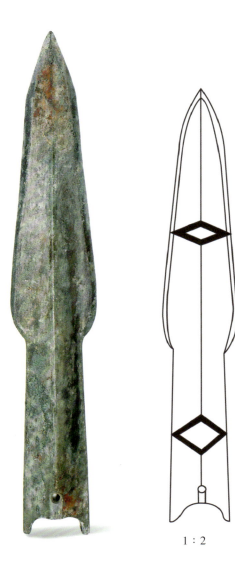

1：2

88 矛 春秋

长16.6、宽3.9厘米

1987年江苏丹徒谏壁新竹青龙山春秋墓出土，镇江博物馆藏。

尖锋，叶形弧刃，中脊起凸棱，圆銎。

89 矛 春秋

长24、宽3.9厘米

1987年江苏丹徒谏壁新竹青龙山春秋墓出土，镇江博物馆藏。

狭长叶，短骹，三角形锋，中起脊，两侧有血槽，骹口作凹弧形，上有销孔。

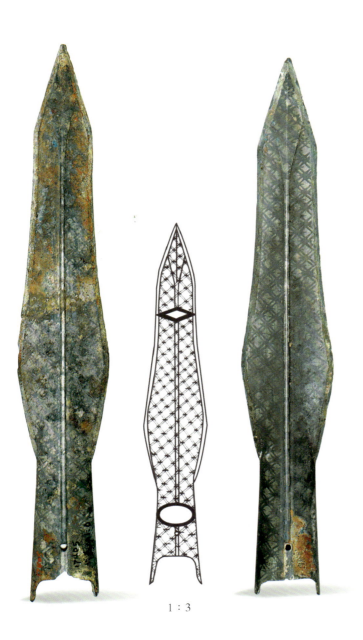

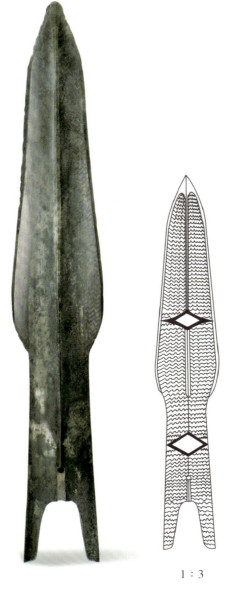

1：3　　　　　　　　　　　　　　　　　　　　　1：3

90　菱形暗花纹矛（2件）　春秋
　　形制纹饰相同，长29.8、宽4.9厘米
　　1987年江苏丹徒谏壁新竹青龙山春秋墓出土，镇江博物馆藏。
　　矛身狭长、锋锐利、中脊起凸棱、两侧有血槽，矛叶外缘作弧形曲刃，骹末端呈凹弧形、椭圆銎，上有销孔。矛满饰复线菱形暗花纹。这类几何形暗花纹装饰是吴国的绝技。

91　折线暗花纹矛　春秋
　　长30.4、宽4.9厘米
　　1987年江苏丹徒谏壁新竹青龙山春秋墓出土，镇江博物馆藏。
　　矛身狭长、三角形锋、中起脊、两侧有血槽，骹末端作燕尾叉状，上有销孔。满身饰折线暗花纹。

丹徒青龙山春秋墓

92　多戈戟　*春秋*

戈通长 20、援宽 2.9、胡长 11.4 厘米,矛长 12、宽 2.4 厘米

1987 年江苏丹徒谏壁新竹青龙山春秋墓出土,镇江博物馆藏。

戈尖锋长援,短内,援身起脊,阑侧四穿。矛较小,尖锋,叶扁平,弧刃,长骹,圆銎。

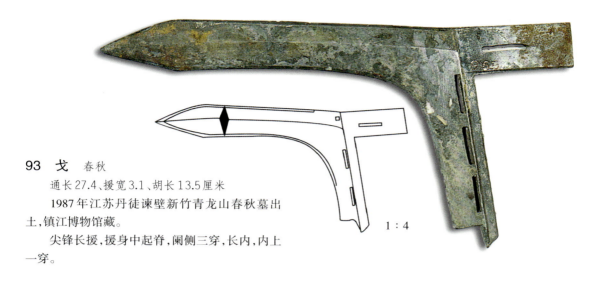

1:4

93　戈　春秋

　　通长 27.4、援宽 3.1、胡长 13.5 厘米

　　1987 年江苏丹徒谏壁新竹青龙山春秋墓出土，镇江博物馆藏。

　　尖锋长援，援身中起脊，阑侧三穿，长内，内上一穿。

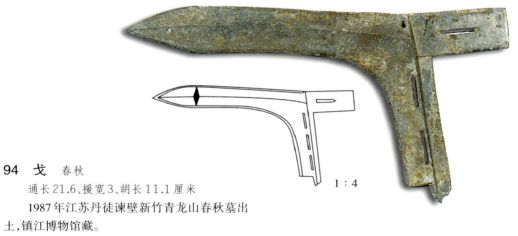

1:4

94　戈　春秋

　　通长 21.6、援宽 3、胡长 11.1 厘米

　　1987 年江苏丹徒谏壁新竹青龙山春秋墓出土，镇江博物馆藏。

　　短援短内，锋锐利，援身起脊，阑侧三穿，内上一穿。

1:4

95　戈　春秋

　　通长 27.5、援宽 3.3、胡长 13.3 厘米

　　1987 年江苏丹徒谏壁新竹青龙山春秋墓出土，镇江博物馆藏。

　　尖锋长援，援身起脊，阑侧四穿，长内，内上一穿。

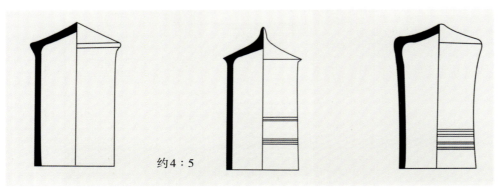

约 4：5

96　镦　春秋

长 4.3~5.1、径 2.2~2.5厘米

1987年江苏丹徒谏壁新竹青龙山春秋墓出土，镇江博物馆藏。

圆筒形，顶平或有凸尖，素面或饰四道凹弦纹。

97 锥刺纹钲 *春秋*

通高9、柄高1.5厘米

1987年江苏丹徒谏壁新竹青龙山春秋墓出土，镇江博物馆藏。

钲体呈扁椭形，方形柄，中空。钲体满饰以斜方格纹为地的锥刺纹，柄上饰几何形纹。

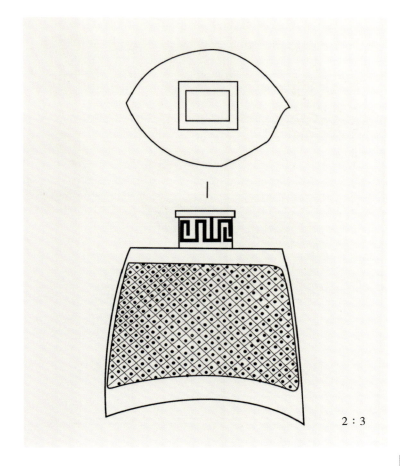

2 : 3

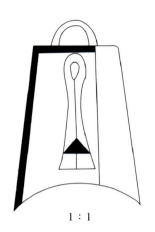

1 : 1

98　铜铃　*春秋*

铃通高 4.9 厘米

1987 年江苏丹徒谏壁新竹青龙山春秋墓出土,镇江博物馆藏。

铃作钟形,弧纽,内有舌。素面。

1 : 1

99　铜泡　*春秋*

直径 1.8~1.9、高 1.2 厘米

1987 年江苏丹徒谏壁新竹青龙山春秋墓出土,镇江博物馆藏。

铜泡为直筒状,壁微弧。素面,有的带四对称小凸柱。

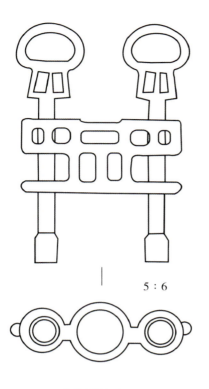

100　车马器(?)　春秋

长 7.8、宽 3.8 厘米

1987年江苏丹徒谏壁新竹青龙山春秋墓出土,镇江博物馆藏。

造型作两环首立柱,中间套件相连,耳上下活动,左右旋转。出土时与车马器放在一起,推测为车马器,但用途不详。

101　马衔、镳　春秋

衔长22.5厘米,镳长18.3厘米

1987年江苏丹徒谏壁新竹青龙山春秋墓出土,镇江博物馆藏。

衔为两节圆杆,顶端套环相连。镳略弯曲,中部有凸起的两个方形穿,两端饰有简化螭首纹。

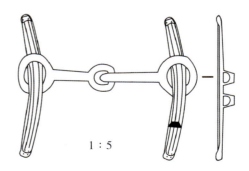

1:5

102　S形纹鼎　春秋

通高37.5、口径30.4厘米

1979年江苏丹徒谏壁粮山春秋墓出土，镇江博物馆藏。

有盖，盖中央套铸一环，周边有三立纽，附耳，深腹，圜底，三蹄足弯曲外撇。盖饰六圈纹饰，有重环纹、双线S形纹、绚纹等，腹部饰以绚索纹为界饰两道双线S形纹。

103　竖耳三足外撇鼎　春秋

　　通高 29.5、口径 30.8 厘米

　　1979 年江苏丹徒谏壁粮山春秋墓出土，镇江博物馆藏。

　　扁方形小立耳，直腹，平底，细高足外撇。耳部饰羽状纹。

104　竖耳三足外撇鼎　春秋

　　通高 12.6、口径 14.2 厘米

　　1979 年江苏丹徒谏壁粮山春秋墓出土，镇江博物馆藏。

　　方形立耳，中间有一横梁。盆形腹，细扁足外撇。素面。

丹徒粮山春秋墓

115

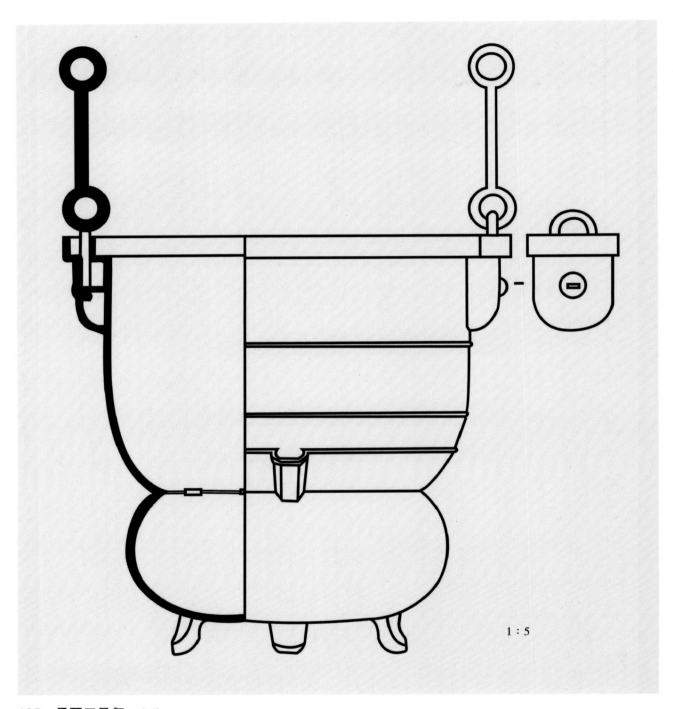

1：5

105　吊耳三足甗　春秋

通高58厘米

1979年江苏丹徒谏壁粮山春秋墓出土，镇江博物馆藏。

甗为甑和三足釜的合铸体。甑深腹，两旁鼓出双套耳，上接两个吊链，腹上三道凸弦纹。釜扁鼓形，中间束腰处有一注水口，三短扁足。是具有吴国特色的典型器物。

106　蟠螭纹罍　春秋

通高 39.3 厘米

1979 年江苏丹徒谏壁粮山春秋墓出土, 镇江博物馆藏。

小口, 鼓腹, 平底下三短足, 肩上两兽耳套环。腹部满饰络绳纹格, 形像逼真。络绳纹格内填饰蟠螭纹。整器铸作精细。

107　带盘鼎　春秋

通高8.5、鼎径8.2、盘径8.1厘米

1985年江苏丹徒谏壁王家山春秋墓出土,镇江博物馆藏。

该器为鼎和三足盘的合铸体。鼎竖耳浅腹,扁足。盘直口平底,三短撇足。素面无纹。

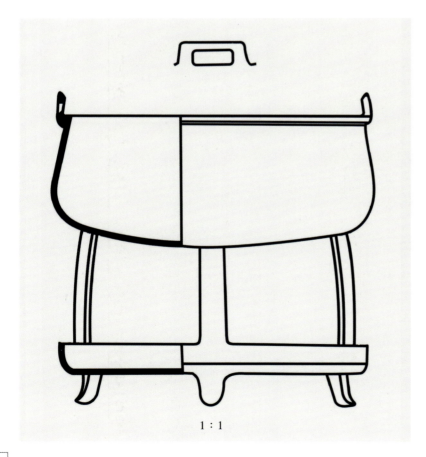

1 : 1

人面纹弧腰錞于拓片

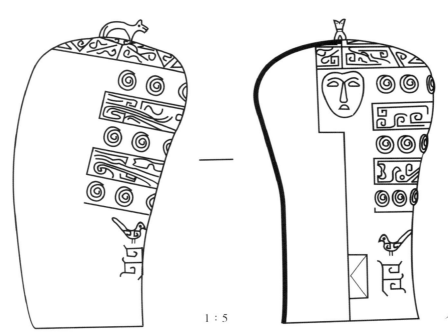

1 : 5

人面纹弧腰錞于

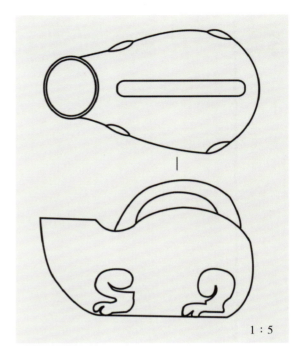

109 虎子 *春秋*

通长 26.8、宽 16.5 厘米

1985 年江苏丹徒谏壁王家山春秋墓出土,镇江博物馆藏。

形似伏虎而无头,器口开于颈上,半环形提梁铸于背部,平底。器身铸出蜷曲状兽足。

1∶5

110 提梁盉 春秋

通高31.6、口径11.2厘米

1985年江苏丹徒谏壁王家山春秋墓出土，镇江博物馆藏。

直口带盖，兽首状流，镂空螭形鋬，圆鼓腹，三蹄足。提梁上铸凸起夔首、扉棱、夔尾，腹上突起三道绚索纹，间饰双勾S纹和三角卷云纹带。

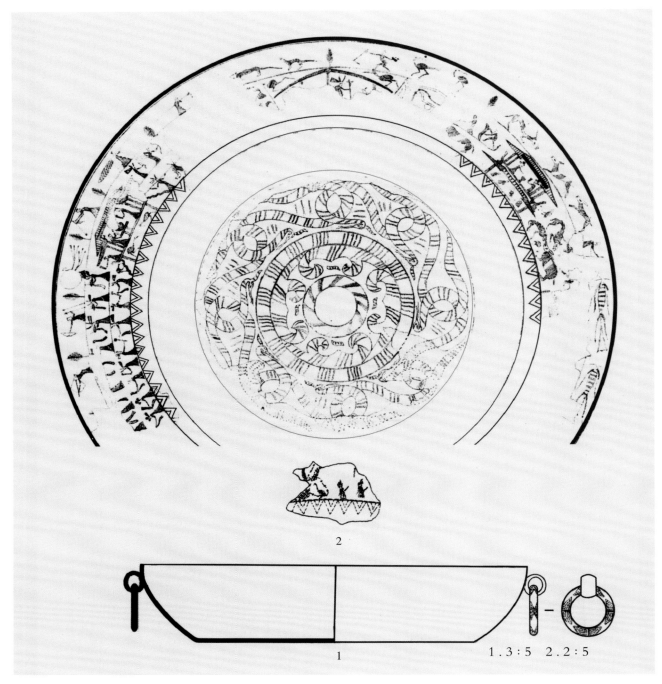

111 薄胎刻纹盘 春秋

通高5.3、口径25厘米

1985年江苏丹徒谏壁王家山春秋墓出土,镇江博物馆藏。

敞口,浅腹,双连环耳,平底。胎薄如纸。器表光素,内壁錾刻细线纹饰,有三个层次:第一层为人物狩猎场面;第二层内容为乐舞图和宴饮图;第三层为双线三角纹带。

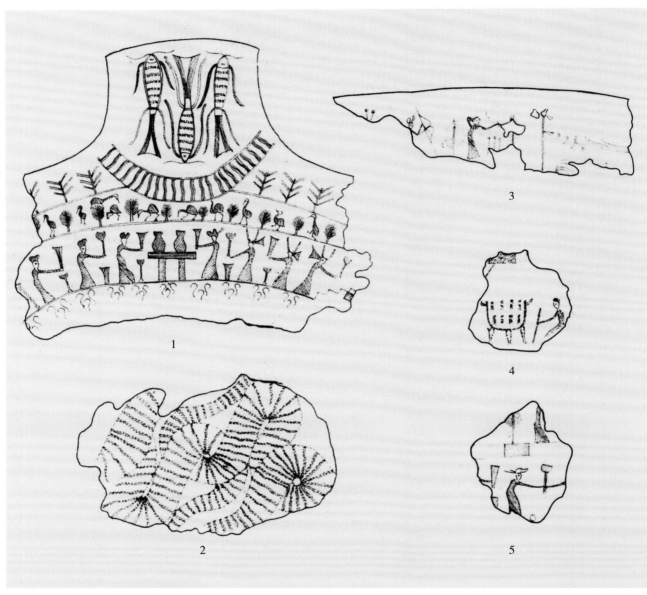

1

2

3

4

5

薄胎刻纹匜纹饰（匜内流口、匜壁及底等部位）

112　薄胎刻纹匜　春秋

通长28、高10厘米

1985年江苏丹徒谏壁王家山春秋墓出土,镇江博物馆藏。

圆形,直口,半圆形流,环形錾,弧腹内收,小平底。胎薄如纸,器表光素,内壁錾刻纹饰图案,分成四层:第一层为平行排列的树木;第二层为鸟和树;第三层为宴饮图;第四层为云气图案。

2：3

113　车軎、辖　春秋

軎通长6厘米；辖通长8厘米

1985年江苏丹徒谏壁王家山春秋墓出土，镇江博物馆藏。

軎作圆筒形，有外折宽沿，长方形辖孔。身饰几何形纹，衬以细密的凸点纹地。辖作扁平长条形，辖首方形。饰兽面纹。

114　车饰件　春秋

通高3.3厘米

1985年江苏丹徒谏壁王家山春秋墓出土，镇江博物馆藏。

圆筒形，有八角形外折沿。沿面饰三角云纹。

115

117   116

115 凿 *春秋*

通长14.8、宽1.5厘米

1985年江苏丹徒谏壁王家山春秋墓出土，镇江博物馆藏。

体窄长，单面斜刃，方銎。

116 锛 *春秋*

长8.3、宽5.6厘米

1985年江苏丹徒谏壁王家山春秋墓出土，镇江博物馆藏。

长方形，单面斜刃，刃部外侈，銎部近长方。

117 斧 *春秋*

长12.6、宽3.9厘米

1985年江苏丹徒谏壁王家山春秋墓出土，镇江博物馆藏。

长方形，双面刃，銎处有两道箍凸，长方銎口。

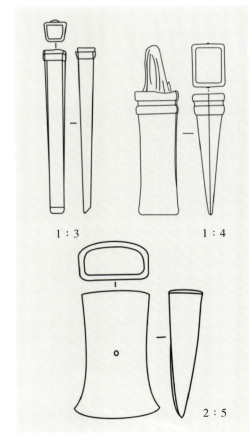

1 : 3   1 : 4

2 : 5

118 锯镰 春秋

长12.3、宽3.5厘米

1985年江苏丹徒谏壁王家山春秋墓出土,镇江博物馆藏。

正面有平行斜向槽纹,至刃部形成锯齿口,柄端凸出。

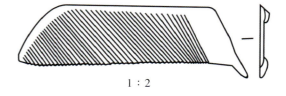

1:2

119 锛 春秋

长9、宽4.8厘米

1985年江苏丹徒谏壁王家山春秋墓出土,镇江博物馆藏。

长方束腰形,刃部外侈,单面斜刃,长方銎口。

120　盖弓帽　春秋

长 4.2 厘米

1985 年江苏丹徒谏壁王家山春秋墓出土,镇江博物馆藏。

方管形,上有穿鼻和卯孔。尚有木屑残留在銎口内。

121　镞　春秋

长 3.8~4.3 厘米

1985 年江苏丹徒谏壁王家山春秋墓出土,镇江博物馆藏。

三锋两刃,有铤,中起脊。

甚六鼎鼎盖内

122　甚六鼎　春秋

通高21.8、口径21.1厘米

1984年江苏丹徒北山顶春秋墓出土,南京博物院藏。

子母口,有盖,附耳,深腹,圜底,三蹄足。盖捉手为九龙衔环。腹部饰夔纹,中间一道凸起绳索纹,夔身鳞纹,足根饰兽面纹。鼎腹内及盖内皆有铭文八行47字,铭文内容相同。

甚六鼎鼎盖铭文拓片

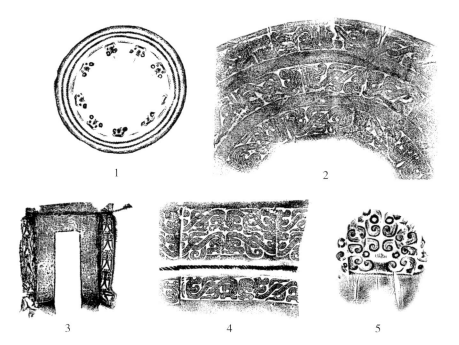

甚六鼎纹饰拓片

1．捉手　2．盖面

3．耳部　4．腹部

5．足根

123 云纹鼎 春秋

通高35.6、口径30.3厘米

1984年江苏丹徒北山顶春秋墓出土，南京博物院藏。

子母口，有盖，盖上三环纽，两附耳，深腹，圜底。腹饰细密的双线云纹带，中间一道凸起细绳纹。

124 勺 春秋

通高 13.7、勺 12.2×8.8 厘米

1984 年江苏丹徒北山顶春秋墓出土,南京博物院藏。

勺体椭圆形,前浅后深,椭圆形长柄,中空,靠銎口部有一销孔。

125 蟠虺纹鉴 春秋

通高 11.1、口径 26.2、底径 15.1 厘米

1984 年江苏丹徒北山顶春秋墓出土,南京博物院藏。

直口,方唇,附耳,腹下斜收,小平底,三矮蹄足。耳面作兽面纹,腹部饰两道绳索纹相间蟠虺纹带,腹下部饰垂帘三角形纹。

126　蟠螭纹缶　春秋

通高37.8、口径15.8、底径15.4厘米

1984年江苏丹徒北山顶春秋墓出土，南京博物院藏。

小口，有盖，盖中立一环纽，周三环纽，边缘有三个兽面形钮，与缶口咬合，圆鼓腹，腹上有四个对称的环耳，平底。腹部饰两道凸起绳索纹，中间饰蟠螭纹带。

尸祭缶盖及盖上铭文

丹徒北山顶春秋墓

尸祭缶盖铭文拓片

127　尸祭缶　春秋

通高 36.2、口径 16.2、腹径 27.8 厘米

1984 年江苏丹徒北山顶春秋墓出土，南京博物院藏。

小口，有盖，盖周三环纽，圆鼓腹，腹上有四个对称的环耳，平底。腹部有两道凸起绳索纹，中饰蟠螭纹带和漩涡纹。盖上刻铭文三圈，计 31 字，从铭文可知器主为尸祭。

128　錞于（3件）　春秋

通高分别为46.0、44.2、41.5厘米

1984年江苏丹徒北山顶春秋墓出土，南京博物院藏。

三件为一套，大小相递。造型纹饰基本一致。虎纽，浅盘，直壁。器身作椭圆筒形，平口，鼓肩，束腰。肩部饰一周变体云雷纹，口上部饰三道凸起的绳索纹，间饰变体云雷纹，隧部两侧各有一由八条凸起的小龙组成的图案。

錞于之一

129　甚六镈(5件)　春秋

大小有序。通高31.8~23.3厘米

1984年江苏丹徒北山顶春秋墓出土,南京博物院藏。

　　五件镈为一套,交龙纽,腔体较鼓,两侧锐出,于平。舞面及篆部饰蟠螭纹,枚作蟠龙状,篆与枚之间用凸起的绳索纹相间,鼓部为四条变体龙纹,两两相对,一面的左右鼓部及钲间有铭文,全文72字,每钟的铭文相同,排列形式各异,器主为甚六。

甚六镈之一

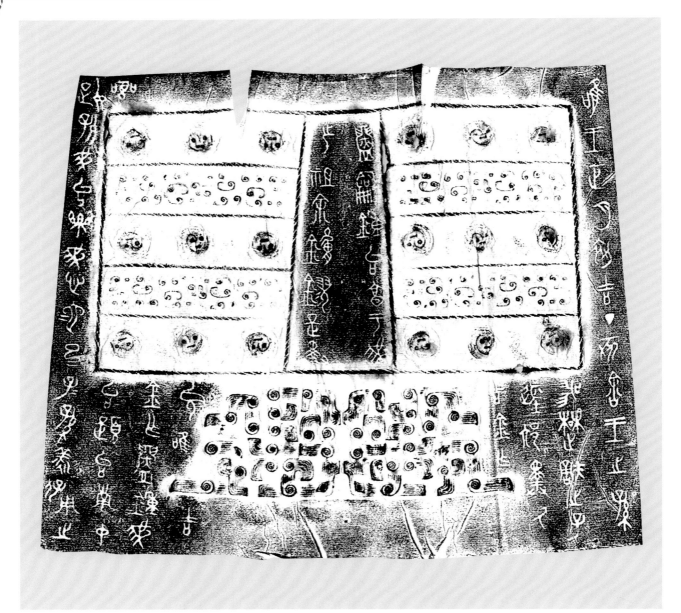

甚六镈(之一)拓片

丹徒北山顶春秋墓

130 丁宁 春秋

通高18.8厘米

1984年江苏丹徒北山顶春秋墓出土,南京博物院藏。

长柄中空,中部有一销孔。

甚六纽钟铭文拓片

131　甚六纽钟（5件）　春秋

　　大小有序。通高 14.5~25 厘米

　　1984 年江苏丹徒北山顶春秋墓出土，南京博物院藏。

　　五件为一套。长方纽，腔体较鼓，两侧锐出，于凹弧。舞面及篆部饰蟠螭纹，枚作蟠龙状，篆与枚之间用凸起的绳索纹相间，鼓部为四条变体龙纹两两相对。一面的左右鼓部及钲间有铭文，全文 72 字，五钟铭文相同，但排列形式不同。器主为甚六。

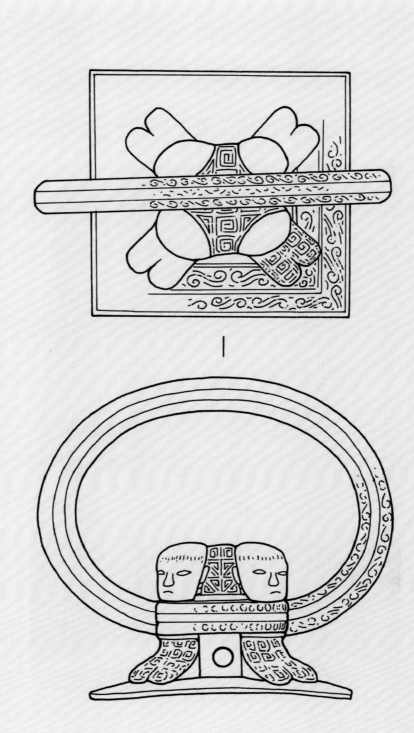

1 : 1

132　悬鼓环　春秋

　　通高 9.6、环外径 10.3×7.7
厘米、环座边长 7.4 厘米

　　1984 年江苏丹徒北山顶春秋
墓出土,南京博物院藏。

　　环椭圆,上饰云纹,环座呈正
方形,可以转动。环座上部饰云
雷纹,四角各有一跪坐的人形,边
饰云纹。

丹
徒
北
山
顶
春
秋
墓

152

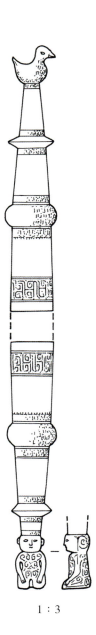

133　鸠杖　春秋　　　　　　　　　　　　　　　　　　　　　　　1：3

　　杖全长 229.4 厘米；杖首长 21.2、镦长 19.2、径 3.4 厘米
　　1984 年江苏丹徒北山顶春秋墓出土，南京博物院藏。
　　木质杖身已朽，仅存青铜杖首和杖镦。杖首顶端立一只鸠鸟，身饰羽纹，有半圆形和三角形凸棱，间饰卷云纹、细云雷纹、
锯齿纹边。杖镦纹饰同杖首，镦末端铸作为一跪坐的人形。

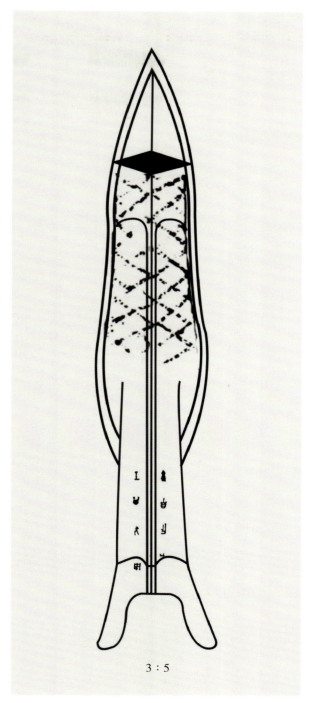

3 : 5

丹徒北山顶春秋墓

134 余眛矛 *春秋*

长27.4、宽4.7厘米

1984年江苏丹徒北山顶春秋墓出土,南京博物院藏。

矛体狭长,三角形锋,刃中部呈弧形内收,刃口锋利,中脊凸楞通骹,两侧有血槽,椭圆形骹,骹端如燕尾外撇。矛身饰黑色菱形暗花纹。骹部有铭文二行9字。器主为吴王余眛。

135 矛 春秋

长13.3、宽2.3厘米

1984年江苏丹徒北山顶春秋墓出土,南京博物院藏。

弧刃,圆骹,直通矛身,有棱脊,骹口端平。

154

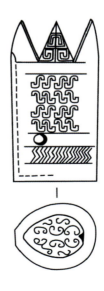

2:3

136 镦 春秋

长6.6、径3.3×2.8厘米

1984年江苏丹徒北山顶春秋墓出土,南京博物院藏。

椭圆形,下部饰曲折纹,间有销孔;中部饰双线勾连云雷纹;上部作锯齿状,饰三角形云雷纹。

137 戟 春秋

戈通长 30.4 厘米;矛长 14.1 厘米

1984 年江苏丹徒北山顶春秋墓出土,南京博物院藏。

此戟为戈和矛组合体。戈,长胡三穿,援基有一半圆形穿,刃锋利,内有一长方形穿,穿的两侧各有一嵌绿色玉石卍形符号,穿后有镂空的云雷纹,上亦嵌绿色玉石,内下角有缺。矛,三角形锋,起棱脊,有血槽,骹末端平,圆銎,有销孔。

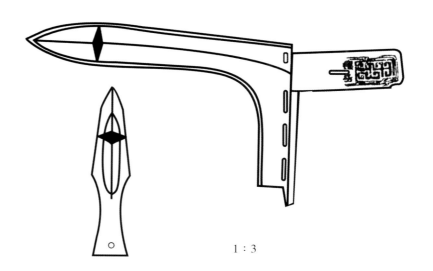

1:3

138　矢　春秋

通长 9.2~12.7、径 1.1~1.5 厘米

1984 年江苏丹徒北山顶春秋墓出土，南京博物院藏。

前端尖圆，无锋无刃，中束腰形，长铤，通体鎏金。

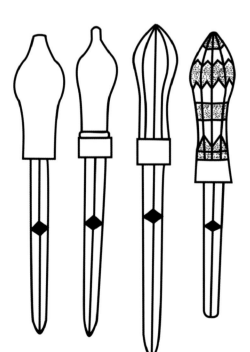

约 3:4

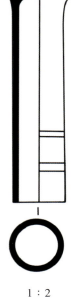

1 : 2

139 盖弓帽 *春秋*
长 11.8~13.8、径 2.8~3.0厘米
1984年江苏丹徒北山顶春秋墓出土,南京博物院藏。
直筒形,长度不等,顶端凸尖,帽身有二至四道凹弦纹。

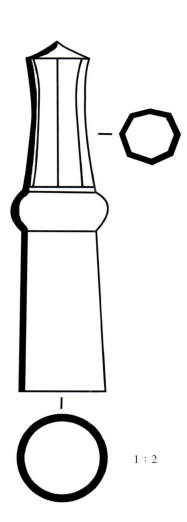

1 : 2

140 盖斗帽 *春秋*
长 18.5、径 4.5厘米
1984年江苏丹徒北山顶春秋墓出土,南京博物院藏。
顶端凸尖,上部作八角形,中部有半圆形凸棱,下部为圆筒状。

157

141 钺 商代晚期

通长16、身宽14厘米

1975年江苏句容葛村出土,镇江博物馆藏。

圆弧刃,刃角微外侈,钺身中央有一起缘大圆孔,上下阑作钩形,方内,内上一长方形穿。本部饰两枚乳丁纹。

142　直内戈　商代晚期

残长22、宽4.2厘米

1976年江苏句容后白出土,镇江博物馆藏。

锋残,长条援,援中起棱脊,有上下阑。直内,上有一桃形穿孔。

143　直内戈　商代晚期

长30.2、宽5.5厘米

1975年江苏句容赤山湖河道出土,镇江博物馆藏。

锋锐,长条援,援中起棱脊,有上下阑。直内无穿。

144　夔龙纹鼎　西周

通高 19.5、口径 20.9 厘米

1981 年江苏高淳固城出土，镇江博物馆藏。

立耳，深腹，兽蹄足。腹饰回首夔龙纹带。

145　窃曲纹鼎　西周

高31、口径31.5厘米

1978年江苏溧阳上沛公社出土,镇江博物馆藏。

立耳,深腹,圜底,蹄形足。腹上饰几何形纹和变体窃曲纹。

146　乳丁纹簋　西周

　　通高15.6、口径21.6、底径19厘米

　　1980年江苏丹徒高桥出土,镇江博物馆藏。

　　侈口,兽首耳,鼓腹,圈足较高。腹饰斜方格纹为地的
乳丁纹,上下镶圈点纹边饰。

147　几何纹簋　西周

高 8.5、口径 24.5、底径 13 厘米

1978 年江苏高淳废品收购站拣选,镇江博物馆藏。

侈口,束颈,两小耳,斜弧腹,矮圈足。腹饰几何形纹。

148　窃曲纹簋形器　西周

高 15.9 厘米

1980 年江苏高淳顾陇乡出土,高淳县博物馆藏。

椭圆形,直口深腹,双耳,底部有微凸形圈足。腹上居中饰牛首纹,两侧饰窃曲纹。

149　圆球腹鳞纹卣　西周

通高35、口径15、腹径27.6厘米

1980年江苏高淳漆桥土墩墓出土,高淳县博物馆藏。

直口,环耳,绳索状提梁,圆球形腹,腹两侧饰扉棱,圈足。腹部满饰细鳞纹,肩部有两组左右对称的三颗乳丁。

150　兽面纹卣　西周
通高32、口径15×9.5、底径19.5×14厘米
1974年江苏溧水废品收购站拣选,镇江博物馆藏。

体椭圆形,失盖,扁提梁,提梁端和梁上铸饰牛首。腹饰兽面纹,中间饰一蛙纹,两侧各有一对称兽头。

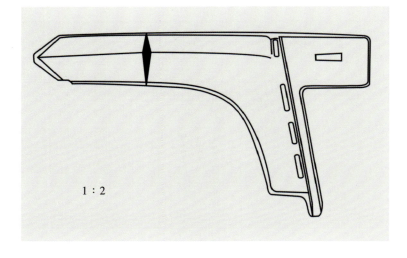

1:2

151 戈　西周

通长 17.8 厘米

1974 年江苏句容浮山果园二号墩土墩墓出
土,南京博物院藏。

锋作三角形,援中起脊,长胡三穿。阑侧四
穿,内上一穿。

152 戈 西周

通长 19.3、宽 3.3、胡长 15.4 厘米

1979年江苏句容东山脚赤山湖总河出土，镇江博物馆藏。

三角形锋，援脊起棱，长胡，阑侧四穿，内上一穿。

153 戈 西周

通长 18.3、宽 3.3、胡长 9.4 厘米

1983年江苏镇江市中山路出土，镇江博物馆藏。

三角形锋，援中起脊，胡较短，阑侧三穿，内上一穿。

154 戈 西周

通长 19.2、胡长 12.5厘米

丹阳市博物馆藏。

三角形尖锋略内弧,援较粗短,脊中棱线明显。阑侧三穿,方内,内上一长条形穿。

155 戈 西周

通长 24.9、宽 3.6、胡长 12.2 厘米

1982 年江苏丹阳出土，镇江博物馆藏。

援狭长，胡较短，阑侧二穿，内上无穿，内端下侧缺角，铸一近方形凹框，其镶嵌物已脱落。

156 戈 西周

通长 17.5、宽 2.5、胡长 10.6 厘米

1971 年江苏高淳废品收购站拣选，镇江博物馆藏。

援狭起脊，锋尖，长胡四穿，内上一穿，内端下有缺角。

零星出土青铜器

169

157 戈 西周

通长 19.7、胡长 12.7 厘米

丹阳市博物馆藏。

锋锐,援较短,长胡,阑侧三穿,内上一穿,内下有缺角。

158 戈 西周

通长 22.5、胡长 13.9 厘米

丹阳市博物馆藏。

锋尖锐,援较窄,长胡,阑侧三穿,内上无穿。

159 矛 西周

长24、宽4.5厘米

1966年江苏高淳固城出土,镇江博物馆藏。

矛身前部聚收,中脊起棱,叶末带锋,菱形长骹,骹上一侧附半环纽,骹的銎口端作燕尾形。脊部饰云雷纹。

160 矛 西周

通长15.8、宽3厘米

1964年江苏宜兴废品收购站拣选,镇江博物馆藏。

矛身狭长,叶底有后锋,中脊起棱,直通骹,叶末带锋,骹的銎口作燕尾形。

零星出土青铜器

172

161 矛 西周

　　残长20、宽3.6厘米

　　1973年江苏丹阳土产杂品公司拣选,镇江博物馆藏。

　　矛身中部束腰形,中脊起棱,菱形骹,銎口被锯残断。

162 矛 西周

　　残长15.4、宽3.3厘米

　　1975年江苏高淳废品收购站拣选,镇江博物馆藏。

　　矛身中部束腰形,中脊起棱,菱形骹,上有卯孔,銎口被锯残断。

163 甬钟 西周

通长66厘米

1982年江苏高淳古柏乡马家圩出土,高淳县博物馆藏。

长甬中空,于凹弧,椭圆形篆带及两篆间突起三十六颗乳丁状枚。钲部饰饕餮纹,篆带与舞间为云雷纹,另一面素面。

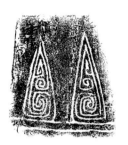

164 甬钟 西周

通高52、甬高16.7、于间18.5厘米

1978年江苏溧水东屏公社小金山顶出土,溧水县博物馆藏。

钟体修长,呈合瓦形,正反面各有二列三行十八枚,两铣外侈不明显,实心甬,上有旋。甬、篆部饰斜角云雷纹,舞、鼓饰卷云纹,钲间饰云雷纹组成的变体蝉纹,钟体一面有纹饰,另一面无纹饰。

零星出土青铜器

176

165　铜块　西周

每块长 7、宽 6.8、厚 2 厘米左右

1975 年江苏金坛西麓公社鳖墩西周墓出土，镇江博物馆。

铜块大小不等，不规则，都是整块铜饼打碎后形成的，有边缘和中心部分。我们推测是为吴国称量记值的货币。

166 蹄足聚敛鼎　春秋

高24、口径23厘米

1973年江苏高淳双塔公社贺村出土,镇江博物馆藏。

宽大竖耳外撇,盆形腹,三兽蹄足聚敛。腹饰窃曲纹组成的简化变体兽面纹。

167　附耳盘　东周

高9、口径28.5、底径21.5厘米

1961年江苏丹徒辛丰公社申子墩出土,镇江博物馆藏。

直口,附耳与口沿齐,浅腹,圈足。腹和圈足及附耳上纹饰为尖叶勾连纹,中间带圆点纹。

零星出土青铜器

168　扁体簋　春秋

通高10、口径12.7厘米

1970年江苏丹徒征集。南京博物院藏。

侈口,扁鼓腹,双耳残缺,矮圈足。腹饰窃曲纹带,其间四组双乳丁,上下界以圈点纹。

169　蟠螭纹鉴　春秋

通高 13、口径 32 厘米

1964 年江苏金坛薛埠公社东进大队出土,镇江博物馆藏。

平折沿,方唇,弧腹下敛,铺首形耳,平底,三矮蹄足。口沿下饰一周方雷纹,颈饰蟠螭纹、绚纹,腹部饰两周雷纹、绚纹,下腹有两道三角纹带,耳作透雕蟠螭纹兽面铺首。

170 附耳三扁足盘 春秋

高15.5、直径44.3厘米

1966年江苏溧阳社渚公社许大山界出土,镇江博物馆藏。

直口,浅直腹,贴附耳,圈足,足下三矮扁足外撇。腹、圈足和耳均饰细密的几何纹和棘刺纹,以短竖线和圈点纹框边。是为具有吴国特色的典型青铜器。

171 附耳三扁足盘 春秋

高15.5、直径44.3厘米

1966年江苏溧阳社渚公社许大山界出土,镇江博物馆藏。

直口,浅直腹,贴附耳,圈足,足下三矮扁足外撇。腹、耳均饰细密的几何纹和锥刺纹,上下界以几何纹和圈点纹条带,圈足饰云纹。

172 云雷纹勾鑃 春秋

通高38厘米

1980年江苏高淳凤山出土,南京博物院藏。

体作合瓦形,于凹弧,长方形甬。钲上和旋部饰几何形纹带下接垂帘三角纹带。

173　宽带纹钲(2件) 春秋

两件相同，通高29.7、柄高12.3、口径11.5×10厘米
1978年江苏溧水上沛公社出土，镇江博物馆藏。
口部微凹，柄作八棱体，中有突节。钲身饰宽带纹。

174　勾鑃(7件)　*春秋*

　　大小序列相递。通高91～21.5、柄22～8.2、于24.5×18～11.3×7.2厘米

　　1975年江苏高淳顾陇公社松溪大队出土，镇江博物馆藏。

　　七件为一套。体作合瓦形，长甬，有的甬上有长方孔，钲上有三角形孔。皆素面无纹。是为吴越地区特有的军乐器。

勾鑃之一

175　戈　春秋

通长 19.1、胡长 11.9 厘米

丹阳市博物馆藏。

三角形锋，援较窄，长胡，阑侧三穿，内上无穿，内下侧缺角。

零星出土青铜器

零星出土青铜器

188

176 矛 春秋

通长 25.1、宽 3.6 厘米

1980 年江苏高淳下坝出土，镇江博物馆藏。

矛身两叶狭长，叶底圆转，弧形尖锋，隆脊起三楞状脊贯通上下。骹正背面对称有鼻形纽，骹末呈凹弧叉形，扁圆骹口。

177 矛 春秋

通长 22、宽 3.8 厘米

1982 年江苏镇江中山路出土，镇江博物馆藏。

矛身两叶狭长，叶底呈钝角，骹末端作凹弧形，骹上一面有鼻形纽。骹身满饰条形纹。

178 矛 春秋

通长22.3、宽3.9厘米

1983年江苏溧阳废品收购站拣选，镇江博物馆藏。

矛身两叶狭长，叶底呈钝角，骹末端作凹弧形，骹上一面附鼻形纽。

179 矛 春秋

通长18.3、宽3厘米

1976年江苏句容农副产品公司收购站拣选，镇江博物馆藏。

矛身较宽而短小，圆突脊，长骹，骹末端凹弧形，扁圆骹。

180

181

182

180 矛 春秋

通长 18.3、宽 3.7 厘米

1979 年江苏丹阳九曲河出土,镇江博物馆藏。

矛身两叶微内弧,突棱脊,叶底作直角,圆形骹,骹上有鼻形纽,骹口略内弧。

181 矛 春秋

通长 15.6、宽 4.1 厘米

1980 年江苏丹阳云林出土,镇江博物馆藏。

矛身作长叶形,圆突脊,骹较短,骹上有卯孔,骹的銎口凹弧。

182 小矛 春秋

通长 9.6、宽 2.8 厘米

1965 年江苏丹徒辛丰出土,镇江博物馆藏。

器形小巧,弧形尖锋,叶末钝角,突棱脊,圆形骹,上有鼻纽,骹口齐平。

零星出土青铜器

183　窄格扁茎剑　春秋

通长 38.1、宽 4.5 厘米

1982 年江苏高淳土产公司废品站拣选,镇江博物馆藏。

剑身较宽短,中脊凸起,窄格,扁茎,近首端作圆形中空,圆首。

184　窄格圆茎无箍剑　春秋

通长 41.4、宽 3.6 厘米

1982 年江苏高淳漆桥出土,镇江博物馆藏。

尖锋,剑身中脊起棱,窄格,圆茎无箍,圆形首。

零
星
出
土
青
铜
器

185　窄格圆茎无箍剑　春秋
通长51.5、宽4.6厘米
1983年江苏高淳砖厂公社大后大队出土,镇江博物
馆藏。
尖锋,剑身中脊起棱,窄格,圆茎无箍,圆形首。

186　无格短剑　西周
通长30.5、宽2.7厘米
1980年江苏金坛废品站拣选,镇江博物馆藏。
剑身前锋窄,剑脊突起,无格,茎上段方扁,两侧带
有耳饰,下段作圆形中空,圆首。

187 宽格双箍剑 春秋

通长 52.3、宽 3.9 厘米

1983 年江苏句容东山脚赤山湖总河出土，镇江博物馆藏。

剑身前锋窄，剑脊起棱，宽格铸兽面纹，圆实茎，上有两凸箍，圆首。

188 暗花鸟纹剑 春秋

通长 59.2、宽 4.4 厘米

丹阳市博物馆藏。

锋锐，剑脊起棱，宽格，柄上双箍。两从各饰有 6 只暗花鸟纹，格上饰兽面纹，一面镶绿松石，剑首有同心圆纹。

189 犁头 春秋

长11.8、宽14.3厘米

1972年江苏丹徒丁岗出土,镇江博物馆藏。

正面凸起,背面平整,一面刃,刃作弧形三角形,中脊有棱,銎口凹弧形。

190 犁头 春秋

长7.8、宽6.5厘米

1982年江苏溧水废品收购站拣选,镇江博物馆藏。

正面隆起有棱脊,底面平整,中间有一卯孔,弧形三角形刃,銎口呈弓形。

191　铚　*春秋*

长11、宽4.9厘米

1979年江苏句容废品收购站拣选,镇江博物馆藏。

器形椭圆弧状,中部有两个平行圆孔,在一边内侧铸斜平行的篦齿纹,至边沿形成锯齿形刃口。

192　锯镰　*春秋*

长16.8、宽4.1厘米

1972年江苏金坛废品收购站拣选,镇江博物馆藏。

脊有棱边,镰身正面铸细密篦齿纹,至刃口呈锯齿状,装柄处有侧栏,饰凸线纹。

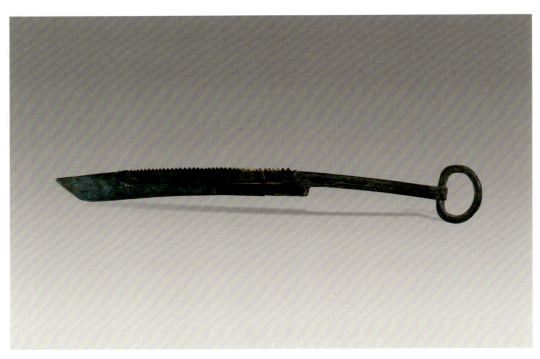

193　锯削　春秋

　　通长 23、身宽 1.6 厘米

　　1980 年江苏丹徒三山乡下湖出土，镇江博物馆藏。

　　凸背凹刃，中脊起棱，背上作锯形，刃口锋利，柄端有一圆环。

194　斧　春秋

　　四件，长 9.4~10、宽 4.3~4.6 厘米

　　1972 年江苏句容、丹阳等县废品收购站拣选，镇江博物馆藏。

　　长条楔形，刃微弧，长方銎，有的銎外有一或两道凸弦纹。

后　记

　　出版《镇江出土吴国青铜器》是学术界盼望已久的事,但由于种种原因而长期未能实现。2008年是镇江博物馆建馆50周年大庆,馆里决定作为一项重要学术成果由文物出版社出版此书,使这一愿望得以完成。

　　镇江是吴文化的发源地,是吴国早期政治经济文化中心所在,因此迄今江南出土吴国青铜器80％集中在镇江地区。1983年江苏在未实行地市合并之前,镇江地区辖属11个县市,包括镇江市、丹徒县、丹阳县、句容县、金坛县、武进县、溧阳县、溧水县、高淳县、宜兴县及扬中县。这里是湖熟文化台形遗址和吴国土墩墓分布最密集的地方。1954年镇江丹徒大港烟墩山宜侯墓发现后,轰动全国考古和史学界,从而拉开吴文化研究的序幕。1975年冬镇江博物馆对句容县天王浮山果园1号墩进行第一次科学发掘,并由此提出土墩墓的命名,遂得到考古界认可。之后镇江博物馆、南京博物院等单位对镇江地区广泛分布的土墩墓展开了一系考古调查和发掘工作,不断有青铜器出土。尤其是对丹徒谏壁、大港沿江一带吴国王室大墓的发掘,如母子墩、磨盘墩、北山顶、青龙山以及王家山等都有成批铜器发现。

　　吴国青铜器是镇江博物馆藏文物的一大优势和特色,在国内外享有盛誉。这次出版的图录中精选具吴国特色的典型青铜器近200件(套),基本代表了江南吴国青铜器的面貌特征,具有重要学术研究价值。

为了保证选录青铜器的资料性和科学性,便于学界进一步研究,在选录器物的编排顺序上,首先是根据时代早晚按考古发掘的墓葬或窖藏成组编排在一起;然后是零星出土器物。有些器物配有拓片或线图。

镇江地区出土吴国青铜器绝大部分收藏在镇江博物馆,有几个墓葬出土铜器在南京博物院,有些零星出土铜器分藏在各县市博物馆。这次出版《镇江出土吴国青铜器》,得到相关单位的大力支持和协助。特向南京博物院龚良院长、办公室王奇志主任、保管部凌波主任,以及溧水县博物馆高茂松馆长,丹阳市博物馆纪宏伟馆长等同仁致意。

在本书编写过程中,得到清华大学李学勤教授,北京大学李伯谦教授的热情指导,并欣然分别为本书撰写了序言。我馆吴文化考古和吴国青铜器研究知名专家肖梦龙研究员,带领年轻专业人员毛颖、张剑、刘丽文在资料的收集、整理与撰写器物说明等方面做了大量艰苦细致的工作。司红伟负责校对,黄佳丽制图,于阿善拓片。文物出版社责任编辑于炳文先生,摄影师郑华先生为本书的出版付出了辛劳。在此,我们一并表示衷心的感谢!

因时间仓促或考虑不周,本书难免存有错漏之处,敬请专家读者教正。

2008 年 8 月